DU + ICH UND UNSER GELD

Clemens Schömann-Finck

Stiftung Warentest
Finanztest

23 Das passende Kontomodell finden

Als Paar haben Sie unterschiedliche Möglichkeiten, Ihre Finanzen zu organisieren. Wir schauen mit Ihnen ins Detail.

Gemeinsam wohnen

Die gemeinsame Wohnung ist für Paare nicht nur ein großer emotionaler Gewinn. Nun verbringt man sein Leben wirklich gemeinsam. Zusätzlich spart dieser Schritt in vielen Fällen Geld.

90 Kinderglück ohne Geldsorgen

Kinder sind ein großes Glück, und Kinder kosten Geld. Wir zeigen Ihnen, wie Sie die Herausforderung meistern.

Inhalt

01

Geld und Liebe

Let's talk money

Liebe und Geld bilden eine schwierige Beziehung. Doch das heikle Thema zu verdrängen ist eine schlechte Strategie. Wie sich Konflikte vermeiden und Lösungen finden lassen.

Vom ersten Date zur gemeinsamen Kasse

Vermeintlich haben Geld und Liebe nichts miteinander zu tun: Liebe ist persönlich und emotional, Geld ist unpersönlich und kalt. Dichter, Songwriter und Schriftsteller versuchen, immer schönere Beschreibungen für das Gefühl der Verliebtheit zu finden, wohingegen es für Geld eine Vielzahl von abwertenden Begriffen wie Kohle, Schotter, Zaster oder Pinke gibt – um nur einige zu nennen. Dabei steht die Geldfrage oft am Anfang einer jeden Beziehung. Es ist der Moment, wo es bei der ersten Verabredung ans Bezahlen geht und sich die Frage stellt: Wer zahlt die Kinokarten, die Getränke oder das Essen? Schon hier kann sich entscheiden, ob aus dem ersten Date mehr wird oder nicht.

Denn natürlich ist es eine Illusion zu denken, dass Geld nur Zahlungsmittel, Recheneinheit und Mittel der Wertaufbewahrung ist, wofür es die Wissenschaft hält. Geld ist Teil unseres Wertesystems. Mit Geld sind Ideale wie Sicherheit, Unabhängigkeit und Freiheit verbunden. Es kann Wertschätzung und Macht ausdrücken. Geld ist so viel mehr als nur Scheine und Münzen. Es ist eben nicht nur das Werkzeug, als das wir es gerne sehen möchten.

Das zeigt sich bei den Worten „Zusammen oder getrennt?", mit denen der Kellner im Restaurant die Rechnung präsentiert und damit eine ganze Kaskade an Emotionen und Überlegungen auslöst. In diesem Moment prallen all die Vorstellungen, Werte und Erwartungen, die jeder mit Geld verbindet, erstmals aufeinander. Ist sie verärgert, wenn ich getrennt zahlen will? Komme ich dann geizig rüber? Denkt er, dass ich ihn nur ausnutzen will, wenn ich mich einladen lasse? So oder so ähnlich gehen die Gedanken. Ein ansonsten schönes Date kann auf diese Weise einen schalen Beigeschmack bekommen, wenn die Frage des Kellners „falsch" beantwortet wird.

Als Leser oder Leserin dieses Buches haben Sie die Klippe „Wer zahlt?" offensichtlich erfolgreich umschifft, und auf die erste Verabredung folgten bei Ihnen noch weitere schöne Treffen. Und dennoch halten Sie dieses Buch in den Händen, um zu erfahren, wie Paare das Thema Finanzen so regeln können, dass es gerecht zugeht, beide gut abgesichert sind und es nicht (mehr) zu Streit kommt – ein wichtiger Schritt, um Ihre Beziehung zu vertiefen. Selbst wenn das erste Date schon eine Weile zurückliegt: Ohne ein gemeinsames Verständnis bleibt die Geldfrage ein ständiger Krisenherd, der jederzeit aufflammen kann.

ENTSCHEIDENDE FRAGE. Geld und Liebe gehen im Leben von Paaren eine untrennbare Allianz ein. Entscheidungen für die Liebe haben auch Folgen fürs Geld. Ob Ausflüge, der gemeinsame Urlaub oder die erste gemeinsame Wohnung – immer geht es um Geld und Kosten. Und immer wieder steht diese emotional aufgeladene Frage des ersten Dates im Raum: „Zusammen oder getrennt?"

Es ist also gut und wertvoll, dass Sie sich gemeinsam damit beschäftigen, was Ihnen in Ihrer (Geld-)Beziehung wichtig ist. Denn worüber man nicht gemeinsam sprechen kann, darüber kann man auch nicht gemeinsam nachdenken, und dafür kann man auch keine Lösungen finden.

Das Buch durchleuchtet deshalb alle wichtigen Finanzaspekte von Hochzeit und Familiengründung bis Altersvorsorge und wird Ihnen mit seinen Informationen und Tipps bei vielen Geldfragen in Ihrer Beziehung helfen.

Es geht in einer Beziehung eben nicht nur um romantische, sondern auch um finanzielle Intimität. Wer nicht weiß, wie viel Geld zur Verfügung steht, kann schlecht planen und kaum beurteilen, wie viel ausgegeben werden darf und ob man noch im Budget liegt. Das führt schnell zu Irritationen und Missverständnissen, wenn es zum Beispiel um die Urlaubsplanung geht: Statt offen zu sagen, dass der Urlaub zu teuer ist und man lieber sparsamer verreisen möchte, werden fadenscheinige Gründe vorgeschoben, die den anderen ratlos zurücklassen.

Davon abgesehen können finanzielle Probleme zur emotionalen Belastung für die Beziehung werden. Geldsorgen können sich schnell auf die Laune auswirken. Man ist reizbar, trübsinnig oder auch abgelenkt, nicht bei der Sache. Wer die Ursachen kennt, kann mit solchen Situationen leichter umgehen. Wer sie nicht kennt, muss rätseln und zieht unter Umständen falsche Schlüsse.

„Die Erfahrung zeigt: Je besser Paare über Geld reden können, desto besser ist ihre Beziehung", berichtet der Paarberater Michael Mary, der sich schon lange mit dem Thema Liebe und Geld beschäftigt, in einem Interview. Weiter meint er: „Tatsache ist aber auch: Kein Paar möchte seine Liebe durch etwas so profanes wie, Geld' beschädigen. Das Thema ‚Geld' ist das letzte Tabu in der Liebe. Das Schweigen darüber macht es zu einem der häufigsten Konfliktthemen in Beziehungen. Um zu vermeiden, dass Geld eine zerstörerische Rolle in der Beziehung einnimmt, sollten sich die Partner um einen ständigen Abgleich bemühen."

Die eigene Prägung in Sachen Geld verstehen

Wie lässt sich das Schweigen brechen? Wie lassen sich Streitigkeiten vermeiden und lösen? Zwei wichtige Werkzeuge dafür sind eine gemeinsame Geldvision und Strategien, um über unterschiedliche Meinungen wertschätzend zu diskutieren. Dazu erfahren Sie mehr im weiteren Verlauf dieses Kapitels. Zuallererst sollten Sie und Ihr Partner sich selbst besser kennenlernen und die eigene Prägung verstehen. Welche Erlebnisse und Erfahrungen haben Sie beeinflusst? Welche Geld-Werte haben Sie, und was verbinden Sie damit? Erst müssen Sie erkennen, was Ihnen wichtig ist, bevor Sie darüber sprechen können. Warum stört es Sie zum Beispiel so, dass Ihr Partner im Supermarkt nicht auf den Preis achtet? Warum hat es Sie geärgert, als Ihre Partnerin darauf bestand, die Restaurantrechnung zu teilen? Womöglich können Sie gar nicht genau sagen, was Sie daran stört und warum es sie stört. Es ist mehr eine Irritation; irgendetwas stimmt nicht und Sie fühlen sich damit nicht wohl.

Es lohnt sich daher auch, darüber nachzudenken, wie Sie zum Thema Geld stehen und was Ihnen wichtig ist. Wofür geben Sie zum Beispiel gerne Geld aus und warum – und bei welchen Dingen sind Sie wiederum geizig? Für was lohnt es sich zu sparen? Was verbinden Sie mit finanzieller Freiheit?

Versuchen Sie, diese Fragen für sich möglich konkret, am besten sogar schriftlich zu beantworten. Es ist wichtig, dass Sie Ihre Gedanken und Gefühle in Worte fassen. Das kann etwas quälend sein, weil man oft ein eher diffuses Bild hat und erst noch treffende Formulierungen finden muss. Aber es lohnt sich. Denn wenn Sie sich über Ihre eigenen Werte in Sachen Geld klar geworden sind, dann können Sie auch mit anderen darüber sprechen. Der Selbsttest auf der Seite 8 kann Ihnen ebenfalls helfen, Ihre Einstellung zu Geld besser zu verstehen. Er kann nicht nur einen Beitrag dazu leisten, dass Ihnen einige Dinge über sich selbst klarer werden. Der Test kann auch Startpunkte für Gespräche über Geld sein und damit ein gutes Tool, um das Schweigen zu brechen.

Wie denken Sie über Geld?

Dieser spielerische Selbsttest kann Ihnen helfen, Ihre „Geldgeschichte" und Ihre Geld-Werte besser zu verstehen. Überlegen Sie bei jeder Frage, wie Sie sich einstufen würden und anschließend, warum Sie diese Einstufung gewählt haben.

Genug Geld ist für ein glückliches Leben wichtig.

○ ○ ○ ○ ○ ○ ○ ○ ○ ○

Sparen und Verzichten fällt mir leicht.

○ ○ ○ ○ ○ ○ ○ ○ ○ ○

Mich stört es, wenn mein Partner/meine Partnerin/mein Freundeskreis mehr verdient als ich.

○ ○ ○ ○ ○ ○ ○ ○ ○ ○

Meine Eltern sind in Geldfragen ein Vorbild für mich.

○ ○ ○ ○ ○ ○ ○ ○ ○ ○

Für besondere Dinge gebe ich auch mal mehr Geld aus.

○ ○ ○ ○ ○ ○ ○ ○ ○ ○

Ein hoher Kontostand ist für mich wichtig.

○ ○ ○ ○ ○ ○ ○ ○ ○ ○

Der Aussage „Über Geld spricht man nicht" stimme ich zu.

○ ○ ○ ○ ○ ○ ○ ○ ○ ○

Der Aussage „Finanzielle Sicherheit ist wichtig" stimme ich zu.

○ ○ ○ ○ ○ ○ ○ ○ ○ ○

Stimme nicht zu

Stimme voll und ganz zu

Unsere Kindheit spielt eine ganz entscheidende Rolle für unsere Vorstellungen über Geld und unseren Umgang damit. Eltern geben nicht nur Gene weiter, sondern auch Einstellungen, Verhaltensweisen und Glaubenssätze. Wurde offen über Geld geredet, hinterlässt das einen ganz anderen Eindruck, als wenn darüber geschwiegen wurde. Armut oder ständige Schulden hinterlassen andere Spuren als eine Kindheit ohne Geldsorgen. Es ist wichtig, zu erkennen: Welche Geld-Erfahrungen haben mich und meinen Partner geprägt? Wie sparsam, sicherheitsorientiert, freizeitorientiert oder ausgabenorientiert wurde ich erzogen? So etwas wirkt nach. „Der Mensch ist ein kognitiver Geizhals", sagt die Wirtschaftspsychologin Julia Pitters in einem Interview. „Er strengt sich nicht gerne an. Glaubenssätze sind nur schwierig abzuschütteln und man muss sich der Einstellungen und Mechanismen erst einmal bewusst werden."

Wie stark diese Prägungen sind, zeigen Beispiele, von denen Paartherapeuten berichten:

Knausrigkeit und Geiz: Eine Frau ist geizig, obwohl sie viel verdient und viel Geld auf dem Konto hat. Ihr Mann leidet unter dieser Knausrigkeit. Der Frau geht es aber gar nicht um größere Anschaffungen oder Rücklagen für Notfälle. Ihr Ziel ist es, eines Tages mehr Geld zu haben als ihr Vater, von dem sie sich nie ernst genommen fühlte. Die Frau will es ihrem Vater beweisen.

Angst vor Reichtum: Ein Mann aus einer vermögenden Familie erbt viel Geld. Er kauft ein Haus und legt etwas für das Alter zurück. Den Rest spendet er. Seine Frau kann ihn nicht verstehen. Der Grund hinter dem Verhalten: Der Mann hat als Kind erlebt, wie Geld eine Familie zerstören kann. Er will nicht, dass das seiner Familie auch passiert.

Große Sparsamkeit: Ein Paar hat ein gemeinsames Konto. Der Mann hat keine Schwierigkeiten, das gemeinsame Geld auszugeben. Die Frau schon. Das führt zu Konflikten. Die Frau will, dass ihr Mann sparsamer ist. Er kontert, dass sie auch mehr Geld ausgeben könnte. Sie schafft es nicht. Sie hat immer das Gefühl, ihrem Mann etwas wegzunehmen. Denn die Frau kommt aus ärmlichen Verhältnissen: „Jede Mark, die meine Mutter für mich und meine Geschwister ausgab, hat sie sich vom Mund abgespart. Das hat uns ein schlechtes Gewissen gemacht."

Auch gesellschaftliche Rollenvorstellungen werden in der Erziehung und durch das Vorbild der Eltern weitergegeben. Rollenbilder wandeln sich nur langsam. Frauen blicken auf eine jahrhundertelange Geschichte finanzieller Unterdrückung und Bevormundung zurück. Im Jahr 1771 erließ Kaiserin Maria Theresia das Gründungspatent für die Wiener Börse. Aber nur eine kleine Gruppe von Bürgern hatte Zutritt. Draußen bleiben mussten zum Beispiel „Bankrotteure", Straffällige – und Frauen. „Der Eintritt der Börse wird, ohne Unterschied des Standes, allen denjenigen, die daselbst Geschäfte haben können, gestattet, jedoch ist von solcher das weibliche Geschlecht ausgeschloßen", heißt es in dem Patent von 1771.

In Deutschland erhielten Frauen erst mehr Rechte, als 1957 das „Gesetz über die Gleichberechtigung von Mann und Frau auf dem Gebiet des bürgerlichen Rechts" verabschiedet wurde. Bis dahin galten in vielen Bereichen noch die Gesetze aus der Kaiserzeit.

DER MANN BESTIMMT. Im Bürgerlichen Gesetzbuch war damals klar geregelt, dass der Mann das Oberhaupt der Familie ist. In § 1354 des BGB von 1896 stand wörtlich: „Dem Manne steht die Entscheidung in allen das gemeinschaftliche eheliche Leben betreffenden Angelegenheiten zu; er bestimmt insbesondere Wohnort und Wohnung." Ehefrauen durften nur mit Zustimmung ihres Mannes ein Konto eröffnen und eine Arbeit annehmen.

Erst mit der Reform von 1957 durften Frauen auch gegen den Willen ihres Mannes arbeiten – sofern das mit ihren Pflichten in der Familie vereinbar war. Diese Regelung wurde erst 1977 beseitigt. Und Frauen durften mit Inkrafttreten des Gesetzes im Jahr 1958 erstmals ohne Zustimmung des Mannes ein eigenes Konto führen und fortan über ihr eigenes Geld verfügen. Doch die Jahrhunderte der finanziellen Bevormundung haben Spuren hinterlassen.

Gleichzeitig nahm der Mann in der Vergangenheit die Rolle des Ernährers ein, der sich ums Geld und die Finanzen kümmerte, der seine Familie versorgte. Dieses Bild ist trotz allen Wandels in der Gesellschaft noch tief verwurzelt. Das zeigt sich oft an Kleinigkeiten, wie die folgenden drei Beispiele beweisen: Jungen erhielten lange Zeit mehr Taschengeld als Mädchen. Das änderte sich laut dem Kids-Medien-Kompass zum ersten Mal im Jahr 2023. Forscher der Universität Basel berichteten in einer im Jahr 2021 veröffentlichten Studie, dass Frauen in Umfragen oft geringere Gehälter angeben, damit ihre Männer besser dastehen.

Und Befragungen zeigen immer wieder, dass Männer beim ersten Date zahlen wollen – auch wenn Frauen dies zunehmend unwichtig wird bzw. sie selber für sich zahlen wollen.

In einer Beziehung prallen diese unterschiedlichen persönlichen und kulturellen Prägungen aufeinander. Menschen kommen zusammen mit verschiedenen Einstellungen zum Geld. Für den einen ist es Mittel zum Zweck, für die andere ein Statussymbol. Für die eine bedeutet es Sicherheit, für den anderen Spaß und Selbstverwirklichung. Diese individuelle Symbolik des Geldes birgt ein erhebliches Konfliktpotenzial – solange man sich nicht darüber klar wird.

Eine gemeinsame Geldvision entsteht

Über Geld zu reden, ist schwierig. Wir stellen Ihnen Strategien vor, mit denen Sie das heikle Thema meistern und die Ihnen helfen, zu einem gemeinsamen Verständnis zu kommen.

Gespräche über Finanzen und Geld sind nicht einfach, vor allem nicht zu Beginn einer Beziehung, wo noch viel Unsicherheit herrscht und Vertrauen aufgebaut werden muss, aber auch später sind sie nicht einfach. Wenn etwas wichtig ist, reagiert man viel sensibler. Sonderlich romantisch scheint das Thema auf den ersten Blick auch nicht zu sein, und es gibt viele Gründe, nicht über Geld zu reden. Scham spielt eine Rolle.

Über Geld zu sprechen ist noch immer ein großes Tabu. Man will nicht knausrig erscheinen, den anderen auch nicht verletzen oder kränken und überhaupt: Ist Liebe nicht viel wichtiger? Vor allem Frauen tun sich schwer, hat Claudia Müller vom „Female Finance Forum" beobachtet: „Männer reden generell etwas mehr über Geld, weil es ihnen von der Gesellschaft auch ein Stück weit zugeordnet wird. Die Frauen wollen hingegen eher gar nicht darüber reden. Wenn sie in ihrer Beziehung dann doch anfangen, das Thema anzusprechen, reagieren Männer völlig erstaunt." Wer über Geld spricht, offenbart auch etwas über die Beziehung, zu der er bereit ist. Man öffnet sich, geht ins Risiko. Wer zum Beispiel vorschlägt, ein gemeinsames Konto einzurichten, drückt damit einen Wunsch nach Verbundenheit aus, den der andere womöglich nicht teilt. Es gibt gute Gründe, nicht unbedingt alles auf ein Konto einzuzahlen, wie Sie im Laufe des Buches sehen werden. Im ersten Augenblick kann die Ablehnung des Vorschlags aber eine ziemliche Enttäuschung sein, die Zweifel aufkommen lassen kann. Das Gleiche kann passieren, wenn es um den Umzug in eine neue Wohnung geht, die das Budget des Partners sprengt. Ist die Partnerin dann bereit, einen größeren Anteil zu zahlen – oder nicht? Welche Lösungen kann das Paar finden? Beim Thema Geld kann also schnell ans Licht kommen, wie sehr sich beide in die Beziehung einbringen möchten. Es kann sich herausstellen, dass das Commitment sehr unterschiedlich ist und sich eine Seite nicht so umfassend auf die Beziehung einlassen will, wie es sich die andere wünschen würde und vielleicht auch gedacht hat. Aber natürlich kann sich auch das Gegenteil herausstellen.

Wertvolle Gespräche über Geld führen

Nähern Sie sich angesichts dieser Sensibilität und Schwierigkeiten dem Thema von einer unverbindlichen und leichten Seite. Wer bedeutungsschwer sagt: „Wir müssen uns jetzt mal zusammensetzen und über Geld reden", sorgt schnell für angespannte Stimmung, die den offenen Austausch erschweren kann. Beginnen Sie lieber mit harmlosen „Was wäre wenn"-Fragen, zum Beispiel: „Was würdest du tun, wenn du im Lotto gewinnen würdest?" oder „Was würdest du tun, wenn dein Arbeitgeber dir die Wahl lässt: Mehr Geld oder mehr Urlaub?" Sie können sich an das sensible Thema herantasten, in dem Sie dann nachfragen, warum sich Ihr Gegenüber so oder so entscheidet. Auf diese Weise bekommen Sie einen ersten Eindruck. Anregungen für weitere Fragen finden Sie auf der Seite 15.

ZEIT NEHMEN. Es kann hilfreich sein, sich dem Kernthema in einem Bogen zu nähern. Denn oft fallen Gespräche leichter, wenn sie nicht am direkten Problem oder bei der akuten persönlichen Situation starten.

Beginnen Sie also eine Unterhaltung über Geld in Ihrer Beziehung eher allgemein und auf sicherem Terrain, um sich dann zu den entscheidenden Fragen vorzuarbeiten. Beginnen Sie zum Beispiel in der Vergangenheit und erkundigen Sie sich nach Erlebnissen aus der Kindheit: „Was hast du dir von deinem Taschengeld gekauft?“, „Wurden gute Noten in der Schule mit Geld belohnt?“, „Hast du das Geld gespart oder ausgegeben?“ Sie merken: Das sind keine schwierigen Fragen, und weil diese Erlebnisse in der Vergangenheit liegen und nichts mit der aktuellen Situation zu tun haben, muss sich niemand angegriffen fühlen. Das senkt Hemmschwellen und baut Vertrauen auf.

Wechseln Sie im nächsten Schritt von der Vergangenheit in die Zukunft. Hier ist alles möglich. Niemand weiß, was die Zukunft bringt. Auch auf diese Weise lässt sich unverfänglich über Geld reden. Es könnte zum Beispiel in diesem Schritt um berufliche Ziele gehen, einen früheren Rentenbeginn oder was man mit einer überraschenden Erbschaft machen würde.

So lernen Sie den anderen und dessen Geld-Werte besser kennen. Zum anderen ergeben sich dadurch Anknüpfungspunkte zum folgenden Schritt: der Gegenwart. Hier können Sie gemeinsam überlegen, was passieren muss, um die Zukunftsziele zu erreichen. Die Verwirklichung der meisten Träume kostet schließlich Geld. Vom Traum des frühen Ruhestands ist es nicht weit zu der Frage, wo man sparen kann und wie man das Geld anlegen kann, um dieses Ziel zu erreichen. Beim Traum von der Weltreise ist es naheliegend, über das Budget für den nächsten Urlaub zu sprechen oder wie die Kosten aufgeteilt werden sollen.

MIT PARTNER. Eine weitere Möglichkeit, um ins Gespräch zu kommen, sind die Statements aus dem bereits erwähnten Selbsttest auf der Seite 8. Anstatt den Selbsttest alleine zu machen, können Sie die Aussagen auch gemeinsam durchgehen. Vergleichen Sie Ihre Einstufungen. Warum haben Sie sich so entschieden, Ihr Partner aber anders? Sprechen Sie über Ihre unterschiedlichen Bewertungen und Ihre unterschiedlichen Einstellungen zum Geld.

Wählen Sie den Ansatz, der am besten zu Ihnen und Ihrer Beziehung passt, und beachten Sie dann zwei wichtige Punkte: Erstens müssen Moment und Umgebung stimmen. Gespräche über Geld und Finanzen werden kaum zu einem guten Ergebnis führen, wenn der eine müde oder die andere nach einem schwierigen Arbeitstag gestresst ist. Meiden Sie laute Umgebungen und Orte mit viel Ablenkung. Setzen Sie sich am besten gemütlich nebeneinander aufs Sofa – oder noch besser: Laufen Sie nebeneinander her! In der Bewegung bewegt sich auch das Denken. Über den Philosophen Aristoteles (384 bis 322 v. Chr.) sagt man, dass er mit seinen Schülern in einer Wandelhalle diskutierte. Daher leitet sich auch der Name seiner Schule ab: Peripatos bedeutet auf alt-griechisch Wandelhalle, die Anhänger des Aristoteles waren die Peripatiker. Die Veränderung der Landschaft beim Gehen kann stimulierend wirken. Kleine Beobachtungen am Wegrand bieten sich an, um das Gespräch aufzulockern. Und auch Gesprächspausen wirken weniger komisch, wenn man gemeinsam durch die Natur läuft, anstatt sich gegenüber zu sitzen.

Der zweite wichtige Punkt: Reden Sie auf Augenhöhe miteinander. Niemand sollte bei den Gesprächen denken, dass der eigene Weg der richtige ist. Der Umgang mit Geld kann sehr unterschiedlich sein, und in Beziehungen geht es schließlich nie darum, Unterschiede komplett aufzuheben. Stattdessen ist es das Ziel, mit Verschiedenheiten – egal auf welchem Gebiet – umzugehen und Lösungen zu finden, mit denen beide leben können.

GEMEINSAME VISION. Statt am eigenen Geldstil festzuhalten, ist es wichtig, einen gemeinsamen Stil, eine Geldvision für die Beziehung zu entwickeln. Hier vereinen sich im besten Fall die unterschiedlichen Prägungen, Vorstellungen und Ansichten zu einem neuen Weg – oder aber Sie finden einen passenden Umgang mit den Unterschiedlichkeiten.

Der Finanzcoach Ramit Sethi stellt in seiner Netflix-Dokuserie „How to get rich" Paaren (und Sparern) eine sehr mächtige Frage, um ihnen bei der Entwicklung einer gemeinsamen Geldvision zu helfen: „How does your rich life look like?" zu Deutsch: „Wie sieht dein/euer reiches Leben aus?" Die Frage regt zu Diskussionen und zum Nachdenken an: Was ist uns im Leben wichtig? Was gehört zu unserem reichen Leben – und was nicht? Welche Ziele wollen wir erreichen? Wie wollen wir leben, um sagen zu können, dass wir ein reiches Leben führen? Weiß man, was man erreichen möchte, kann man anschließend über den Weg dorthin reden.

Es geht um das Setzen von Prioritäten – wofür soll Geld ausgegeben werden und wofür nicht? Wer gerne reist, muss dafür an anderer Stelle verzichten. Um es mit den Worten von Sethi zu sagen: „Ein reiches Leben bedeutet, dass Sie großzügig Geld für Dinge ausgeben können, die Sie klasse finden, solange Sie Ausgaben für andere Dinge gnadenlos niedrig halten." Das kann für jedes Paar etwas anderes bedeuten. Anregungen für weitere Fragen, die Sie gemeinsam besprechen können, finden Sie auf der folgenden Seite.

Startfragen für Gespräche über Geld

Mit dem Partner oder der Partnerin über Geld zu sprechen ist nicht einfach. Hier ein paar Fragen, die Sie stellen können, um ins Gespräch zu kommen und Ihr Gegenüber – und vielleicht auch sich selbst – besser kennenzulernen.

- **Geldwert.** Wie wichtig ist Geld für dich? Welche Einstellung hast du zum Geld? Welches Gefühl gibt dir Geld?
- **Überfluss.** Wenn du morgen eine Million Euro hättest: Was würdest du mit dem Geld machen, und wie würde sich dein Leben ändern?
- **Sicherheit.** Wie viel Geld ist genug? Ab welcher Summe auf dem Konto fühlst du dich sicher?
- **Freiheit.** Was bedeutet finanzielle Freiheit für dich?
- **Prägung.** Wer oder was hat dich in Bezug auf Geld am meisten geprägt – im Guten wie im Schlechten?
- **Träume.** Welchen Traum willst du dir eines Tages erfüllen?
- **Pleite.** Was würdest du machen, wenn du plötzlich kein Geld mehr hättest?
- **Großzügigkeit.** Wofür gibst du gerne Geld aus und warum? Wo bist du geizig und warum? Wann hast du dir zum letzten Mal etwas gegönnt?
- **Überstunden.** Du hast Überstunden angehäuft. Dein Chef lässt dir die Wahl: Ausgleichstage oder ausbezahlen. Was wählst du und warum?
- **Karriere.** Du bekommst ein Jobangebot: Die Bezahlung ist besser, aber du musst auch mehr arbeiten. Nimmst du es an?
- **Ziele.** Was sind deine kurzfristigen und langfristigen finanziellen Ziele?
- **Unabhängigkeit.** Wie wichtig ist dir finanzielle Unabhängigkeit?

Wichtig ist, einen Weg zu finden, der für Ihre gemeinsame Liebe funktioniert – wie er auch bei anderen großen Beziehungsthemen wie Kindererziehung oder Zeit für sich vs. Zeit gemeinsam gefunden werden muss. Wie wollen Sie Ihre Finanzen regeln? Wie wollen Sie investieren? Wie soll Ihr Leben im Alter aussehen? Und was ist, wenn Kinder kommen? Im Verlaufe dieses Buches werden Sie dazu Informationen und Anregungen finden, wie sich Ihre gemeinsame Vision von einem „reichen Leben", um Sethis Formulierung aufzugreifen, erfüllt.

Regeln helfen, Konflikte zu vermeiden

Beim Entwickeln Ihrer gemeinsamen Vision sollten Sie sich an gewisse Diskussionsregeln halten. Die Regeln können verhindern, dass ein Konflikt eskaliert, und sie helfen Ihnen dabei, konstruktiv über unterschiedliche Sichtweisen zu sprechen. Sie sind selbstverständlich auch für später gültig. Denn auch eine gemeinsame Vision garantiert nicht, dass es keine Konflikte mehr ums Geld gibt und alles harmonisch verläuft. Aufgrund der Gesprächsregeln, die Sie vereinbart haben, können Sie konstruktiv damit umgehen, wenn sich Bedürfnisse, Einstellungen und Interessen ändern. In Konflikten haben sich folgende Regeln und Strategien bewährt. Versuchen Sie, sie zu verinnerlichen. Sie helfen Ihnen, zu einer Lösung zu kommen.

Beobachtungen als Ich-Botschaften formulieren. Wenn Beobachtungen als „objektive" Botschaften formuliert werden, können sie aggressiv und angreifend wirkend: „Du gibst zu viel Geld aus." Ihr Gegenüber nimmt dann schnell eine Verteidigungshaltung ein. Das erschwert das Finden einer Lösung. Besser sind Ich-Botschaften: „Ich habe den Eindruck, dass du zu viel Geld ausgibst." So lässt man die Möglichkeit offen, dass man sich auch irren kann, wohingegen eine vermeintlich objektiv formulierte Aussage wie eine Tatsache klingt.

„Immer" und „nie" streichen. Sätze wie „Du schaust beim Einkaufen nie nach Sonderangeboten" oder „Immer muss ich zahlen", provozieren Widerspruch. Ihr Gegenüber wird nach Situationen suchen, für die diese Behauptungen nicht zutrafen. Er oder sie wird sich verletzt fühlen, wenn eigene Bemühungen anscheinend nicht wahrgenommen werden. Sagen Sie besser „oft" und „selten". So machen Sie auch deutlich, was Sie meinen, bringen aber zugleich zum Ausdruck, dass es manchmal auch anders ist. Noch besser ist es, konkrete Beispiele zu nennen. Auf diese Weise kommen Sie schneller zum eigentlichen Thema.

„Ja" und „Nein" richtig verstehen. Die Wörter „Ja" und „Nein" können in Diskussionen schnell zu Verwirrungen führen. Denn stimmt der Partner wirklich zu, wenn er „Ja" sagt? Vielleicht bringt er nur zum Ausdruck, dass er zuhört oder vielleicht ist es nur ein „Verlegenheits-Ja", weil er eigentlich anderer Meinung ist. Zu einer echten Zustimmung wird ein Ja erst, wenn auch die Umsetzung geklärt ist. „Ohne das ‚Wie' ist ein ‚Ja' nichts wert", brachte es der Verhandlungsexperte Chris Voss auf den Punkt. Ähnliches gilt für das Wörtchen Nein. Hinter einer Ablehnung können sich mehrere Bedeutungen verbergen. Nehmen Sie also ein Nein erst einmal nur als Reaktion wahr und nicht als unumstößliche Position. Ergründen Sie, was dahintersteckt. Vielleicht wurde Ihr Vorschlag nicht richtig verstanden und nur deshalb abgelehnt.

Sicherstellen, dass Sie Aussagen richtig verstehen. Schnell kann es in Diskussionen zu bösen Missverständnissen kommen, weil man Sätze unterschiedlich auffasst. Wiederholen Sie mit eigenen Worten die Aussage Ihres Gegenübers. Fragen Sie nach, ob Ihre Schlussfolgerung stimmt. So stellen Sie sicher, dass Sie wirklich über das Gleiche reden. „Nichts annehmen, abklären", lautet eine wichtige Regel von Verhandlungsprofis.

Scheinpositionen erkennen. Häufig haben die in Diskussionen vertretenen Positionen – absichtlich oder unabsichtlich – nichts mit den wahren Wünschen zu tun. Sie sind nur vorgeschoben, während es eigentlich um etwas ganz anderes geht. Die Geschichte vom Streit der zwei Schwestern um eine Orange auf der Seite 83 ist ein anschauliches Beispiel dafür. Wenn Ihr Partner durch alle möglichen Argumente anführt, dass zwei Wochen Urlaub zu lang sind, will er vielleicht in Wahrheit sagen, dass ihm so ein langer Urlaub zu teuer ist. Scheinpositionen zu erkennen, erfordert Einfühlungsvermögen und Gespür. Das ist schwierig, bringt eine Lösung aber beträchtlich näher.

Immer respektvoll bleiben. Beleidigungen, Beschimpfungen und verletzende Bemerkungen sind ein absolutes Tabu. Sagen Sie nichts, was Sie später bereuen werden.

Neben „Geldprägung verstehen" und „Geldvision entwickeln" sind Konfliktstrategien das dritte wichtige Werkzeug. Sie helfen zu verhindern, dass Geld in Ihrer Beziehung zu einem Streitthema wird.

Resümee

Ungelöste Geld-Konflikte können eine Beziehung zerstören. Wie lässt sich das verhindern? Die wichtigsten Punkte in der Zusammenfassung.

Alles beginnt mit wohlwollender Kommunikation auf Augenhöhe: Reden Sie miteinander – auch über Ihre Finanzen! Die Geldfrage ist ein ständiger Begleiter in einer Beziehung: Wie wollen wir Kosten aufteilen? Für was wollen wir Geld ausgeben? Was können wir uns leisten?

Es ist unabdingbar, zu lernen, ehrlich und offen über Geld und Finanzen zu sprechen und die Bedürfnisse und Geld-Werte des anderen zu verstehen.

Um mit Ihrem Partner gut über Geld reden zu können, ist es wichtig, seine und die eigene Geldprägung zu verstehen. Damit sind die Erlebnisse und Erfahrungen gemeint, die unsere Glaubensätze rund um das Thema Geld beeinflusst haben. Maßgeblich sind dafür häufig unsere Kindheit und das Vorbild unserer Eltern.

Eine gemeinsame Geldvision hilft, Ausgaben zu priorisieren und sich über Wünsche und Ziele klar zu werden. Ob früher in Rente, eine große Reise oder regelmäßige Besuche in den Top-Restaurants der Stadt – wenn Sie wissen, wofür Sie und Ihre Partnerin sparen und das gemeinsame Geld ausgeben wollen, fallen viele Geld-Entscheidungen im Alltag einfacher.

Wenn es zu Konflikten kommt, beachten Sie einige Regeln, damit die Situation nicht eskaliert. Dazu gehört, Beobachtungen als Ich-Botschaften zu formulieren („Ich habe den Eindruck, dass ..."), auf Absolut-Aussagen zu verzichten („Immer kaufst du so teure Klamotten") und nachzufragen, ob man den Partner richtig verstanden hat, damit es nicht zu Missverständnissen kommt („Du sagst, ich würde für zu viele unnütze Dinge Geld ausgeben. Was meinst du damit?").

02

Finanzen gemeinsam organisieren

Kein Streit ums Geld

Die Aufteilung der Kosten kann schnell zum kritischen Punkt in einer Beziehung werden. Mit den richtigen Strategien lässt sich das Thema entschärfen.

Man ist in einer Beziehung nicht nur emotional verbunden, sondern auch finanziell. Die Ausgaben zu regeln und fair aufzuteilen, ist daher essenziell, um Streit und Konflikte zu vermeiden. Zu Beginn einer Beziehung reichen situative Absprachen oder temporäre Arrangements: Wie wollen wir nach dem Essen die Rechnung im Restaurant bezahlen? Wie werden die Ausgaben im Urlaub aufgeteilt? Wie die Benzinkosten bei Ausflügen in die Berge? Mit einer offenen und ehrlichen Kommunikation lassen sich auf solche Fragen Antworten finden, die den Bedürfnissen beider gerecht werden.

Je ernster die Beziehung wird, desto zahlreicher werden auch die finanziellen Berührungspunkte. Das fängt bereits an, wenn man mehr Zeit gemeinsam in einer der beiden Wohnungen verbringt als alleine. Spätestens mit dem Zusammenziehen stellt sich die Frage nach einer dauerhaften Organisation der Finanzen, die der gemeinsamen Geldvision und den unterschiedlichen Geld-Werten gerecht wird. Ob Miete, Wocheneinkauf, das Abo für den Streamingdienst oder die Stromrechnung – mit der gemeinsamen Wohnung gibt es nicht mehr nur temporäre, sondern dauerhafte gemeinsame Ausgaben, die nach einer festen Regelung verlangen. Dazu kommen noch die langfristigen Sparziele, die Paare häufig haben: ein neues Auto, eine schönere Küche oder vielleicht eines Tages der Kauf einer Immobilie (mehr dazu im Kapitel „Gemeinsam wohnen“, ab S. 35). Auch hierüber muss sich ein Paar Gedanken machen.

Gibt es große Einkommensunterschiede zwischen beiden, kann es erst recht schwierig werden. Wenn der eine mehr verdient, kann das immer wieder ein Thema sein, zum Beispiel, wenn es für den gemeinsamen Urlaub unterschiedliche Budgets gibt und die eine sich mehr leisten kann (oder will) als der andere. Doch je enger die Beziehung, desto mehr Bereiche werden von unterschiedlichen finanziellen Verhältnissen tangiert: Jetzt geht es nicht mehr nur um den Restaurantbesuch oder die Fahrt in den Urlaub, sondern womöglich auch um die Einrichtung der Wohnung oder um die Höhe der Miete.

Kosten fair aufteilen

Grundsätzlich gibt es drei Möglichkeiten, wie Sie die gemeinsamen Kosten aufteilen können. Die erste Möglichkeit ist, dass jeder so viel gibt, wie er kann (oder will). Es gibt keine „mathematische" Formel für die Aufteilung der Kosten. Das Geld wird zusammengelegt. Das Problem dabei ist allerdings, dass die gerechte Aufteilung Zufall ist und von der Bereitschaft und Ehrlichkeit der Beteiligten abhängt. Das Modell verleitet dazu, den individuellen Vorteil zu suchen.

Die zweite Möglichkeit ist, dass jeder immer die Hälfte zahlt. Dieser Weg ist auf den ersten Blick der einfachste. Zwar müssen die Kosten gesammelt werden, anschließend muss man sie aber nur halbieren. Doch es gibt einen Nachteil: Bei Einkommensunterschieden zahlt einer verhältnismäßig mehr als der andere. Ein Beispiel verdeutlicht das Problem: Frank verdient in seinem Job 3500 Euro im Monat, Marina bezieht ein Gehalt in Höhe von 4500 Euro. Um die Rechnung nicht unnötig zu verkomplizieren und anschaulich zu halten, werden Steuern und Abgaben nicht berücksichtigt. Die gemeinsamen Kosten des Paares betragen 3000 Euro. Bei einer Aufteilung im Verhältnis 50:50 entfallen also auf jeden 1500 Euro. Auf den ersten Blick sieht das fair aus, weil jeder den gleichen Betrag zahlt. Aber eine Kostenaufteilung von 50:50 ist nicht die einzige Definition von fair. In unserem Beispiel muss Frank einen deutlich höheren Teil seines Gehalts aufwenden. Sein Anteil an den gemeinsamen Kosten beträgt 43 % seines Gehalts, bei Marina ist es nur ein Drittel. Frank könnte sich daher bei so einer Aufteilung ungerecht behandelt fühlen und ein solches Modell überhaupt nicht fair finden.

Schließlich gibt es noch die dritte Möglichkeit, bei der jeder den gleichen Teil seines Einkommens zahlt: Die gesammelten Kosten werden nicht halbe-halbe aufgeteilt. Stattdessen steuert jeder gemessen an seinem Einkommen prozentual gleich viel bei. So wird die unterschiedliche Finanzkraft berücksichtigt. Diesen Verteilungsschlüssel können Sie einfach berechnen, sofern beide bereit sind, ihre Finanzen transparent offenzulegen. Ermitteln Sie zuerst, wie viel jeder von Ihnen zum gemeinsamen Haushaltseinkommen beisteuert. Das ist relativ einfach auszurechnen. Für das Haushaltseinkommen addieren Sie beide Einkommen. Danach setzen Sie jedes der beiden Einkommen ins Verhältnis zum Haushaltseinkommen. Sie führen also zweimal folgende Prozentrechnung durch: Einkommen geteilt durch Haushaltseinkommen, multipliziert mit 100. Die Addition beider Ergebnisse muss 100 ergeben. Ansonsten haben Sie sich verrechnet. Die gemeinsamen Kosten werden nun entsprechend den Prozentzahlen aufgeteilt.

Für das Beispiel von Marina und Frank bedeutet das: Das Paar verfügt über ein Haushaltseinkommen von 8000 Euro. Wir lassen Steuern und Abgaben auch diesmal außen vor. Um seinen Anteil auszurechnen, teilt Frank sein Einkommen in Höhe von 3500 Euro durch diesen Wert und multipliziert das Ergebnis mit dem Faktor 100. Das ergibt 43,75. Franks Anteil am Haushaltseinkommen beträgt also rund 44 Prozent. Für Marina liegt der Wert bei rund 56 Prozent. Für die gemeinsamen Kosten in Höhe von 3000 Euro bedeutet das, dass Frank 44 Prozent davon übernimmt. Das sind 1320 Euro. Marina trägt 1680 Euro. Zwar zahlt Marina jetzt deutlich mehr. Ihr Anteil ist 360 Euro größer. Sie zahlt damit fast 30 Prozent mehr als Frank. Im Ergebnis steuert jeder aber nun den gleichen Teil seines Einkommens bei, nämlich rund 37 Prozent.

Der Nachteil bei einer Aufteilung entsprechend des Einkommensverhältnisses: Der besser Verdienende kann bei dieser Variante das Gefühl haben, den anderen auszuhalten, denn er zahlt eine höhere Summe. Das Gefühl kann insbesondere dann entstehen, wenn das geringere Gehalt auf persönliche Entscheidungen zurückzuführen ist, wie beispielsweise eine kürzere Arbeitszeit im Austausch für mehr Freizeit.

Eine Patentlösung, um die Frage nach einer fairen Aufteilung zu regeln, gibt es deshalb leider nicht. Jede Variante hat ihre Vor- und Nachteile. Fühlt sich einer aber mit der getroffenen Vereinbarung nicht wohl, ist es wichtig, darüber zu reden und Lösungen zu finden.

FLEXIBEL SEIN. Vielleicht müssen ja nicht alle Kosten aufgeteilt werden, weil zum Beispiel sie das Auto deutlich mehr nutzt als er. Oder wenn er gerne kocht und deshalb bereit ist, einen größeren Anteil an den Lebensmittelausgaben zu übernehmen. Es muss ja nicht immer eine exakte monetäre Aufrechnung geben. Schon kleine Gesten zählen.

Entscheidend ist es, zu kommunizieren. Sonst können solche unterdrückten Konflikte mit der Zeit zu einem großen Problem werden. Hinterfragen Sie auch regelmäßig im Abstand einiger Monate die getroffenen Regelungen. Vorlieben und Bedürfnisse ändern sich genauso wie Einkommen. Reden Sie darüber, ob etwas geändert werden muss oder ob die Kostenaufteilung weiterhin passt.

Das passende Kontomodell finden

Alles gemeinsam, strikt getrennt oder eine Mischung aus beidem – es gibt verschiedene Möglichkeiten, wie Paare ihre Finanzen organisieren können. Wir stellen sie vor.

Neben der Aufteilung der Ausgaben geht es bei der Planung der gemeinsamen Finanzen auch um die Frage, wie die Vereinbarung in der Praxis umgesetzt werden soll. Es bieten sich drei Modelle an, die alle ihre Vor- und Nachteile haben (siehe auch S. 25). Sie unterscheiden sich vor allem darin, wie eng die finanzielle Verbindung innerhalb der Partnerschaft ist. Auch hier müssen Sie wieder offen darüber reden, was Ihnen wichtig ist und was zu Ihrer Beziehung und Ihren Bedürfnissen passt.

Das Gemeinschaftskonto-Modell

Die Variante mit der größten finanziellen Intimität ist das Gemeinschaftskonto. Darauf fließen die Einnahmen von beiden. Jeder ist verfügungsberechtigt und hat damit auch Zugriff auf das Geld des anderen nach dem Motto „Was meins ist, ist auch deins". Wie Ausgaben aufgeteilt werden, muss nicht extra geregelt werden, weil es nur noch das gemeinsame Geld gibt. Von daher sind ein oder mehrere Gemeinschaftskonten für unterschiedliche Ausgabenposten (Freizeit, Anschaffungen etc.) eine Lösung ohne viel zusätzlichen Aufwand. Beide müssen sich nur darauf verständigen, wie sie ihr Budget aufteilen wollen.

Allerdings bringt ein solches Konto auch eine Reihe von Nachteilen mit sich. Es birgt ein großes Konfliktpotenzial, wenn beide sehr unterschiedliche Vorstellungen haben. Ist die eine sparsam und der andere eher ausgabenfreudig, kann sich daran leicht ein Streit entzünden. Das Gleiche gilt, wenn man sich uneins ist über den Sinn von Ausgaben. Was brauchen wir wirklich? Wofür wollen wir Geld ausgeben? Über solche Fragen lässt sich lang und erbittert diskutieren.

Stimmt die Kommunikation, kann man aber viele Klippen umschiffen. Mit der entsprechenden Offenheit und Gesprächsbereitschaft lassen sich Vereinbarungen treffen, mit denen sich jeder wohlfühlt. Eine Verabredung könnte zum Beispiel so aussehen: „Du gehst öfter mit deinen

Freunden in die Bar, dafür gehe ich mit meiner Freundin nächste Woche auf das Livekonzert unserer Lieblingssängerin."

Bedeutend schwieriger ist es jedoch, einen weiteren Nachteil auszugleichen, der mit diesem Kontomodell verbunden ist: Da ein Gemeinschaftskonto in aller Regel als sogenanntes Oder-Konto geführt wird – im Gegensatz zum Und-Konto – kann jeder Partner ohne die Zustimmung des anderen Transaktionen tätigen. Das heißt aber auch, dass im Trennungsfall das Konto leer geräumt und das Geld auf ein neues, heimlich angelegtes Konto überwiesen werden kann. Ein Oder-Konto bedeutet auch, dass bei Kontoüberziehung beide für die Schulden einstehen, egal, wer sie verursacht hat. Beide haften gesamtschuldnerisch. Sie sollten sich daher sehr gut überlegen, ob dieses Modell das richtige ist.

AUFPASSEN. Das Gemeinschaftskonto kann zu Problemen mit dem Finanzamt führen. Sind größere Geldsummen im Spiel, wie etwa bei Erbschaften oder Verkaufserlösen, kann das Finanzamt eine Schenkung zwischen den Partnern vermuten. Denn nur eine Summe von maximal 500 000 Euro ist bei Eheleuten oder eingetragenen Lebenspartnern innerhalb von zehn Jahren steuerfrei. Hier heißt es vorsichtig sein und gegebenenfalls besser noch ein weiteres Konto einrichten, das nur auf den betroffenen Partner läuft.

Das Zwei-Konten-Modell

Der Gegenentwurf zum Gemeinschaftskonto ist das Modell, bei dem beide die individuellen Konten aus der Singlezeit behalten und das jeweilige Gehalt weiterhin auf diese Konten eingeht. Es gibt also keine finanziellen Berührungspunkte. Jeder verfügt über sein Geld, keiner hat Zugriff auf das andere Konto. Man bewahrt damit seine finanzielle Autonomie und erfährt im Zweifelsfall noch nicht einmal, wie viel der Partner verdient. Und ob Sie Ihr Geld beim Shoppen ausgeben oder sparen, ist allein Ihre Sache. Sie müssen sich nicht rechtfertigen – solange natürlich genügend für die gemeinsamen Ausgaben übrig bleibt. Im Trennungsfall muss dann allerdings klar sein, wer was für sich angeschafft hat und was wirklich gemeinsam gekauft wurde und aufgeteilt werden muss. Das sind die großen Vorteile dieses Modells.

Sie müssen sich allerdings einigen, wie die gemeinsamen Kosten aufgeteilt werden. Wollen Sie halbe-halbe machen oder wählen Sie einen Verteilungsschlüssel, der zum Beispiel die unterschiedlich hohen

Kontenmodelle im Vergleich

Als Paar haben Sie unterschiedliche Möglichkeiten, Ihre Finanzen zu organisieren. Sie reichen von einem gemeinsamen Konto bis zu einer strikten Trennung. Jedes Modell hat seine Vor- und Nachteile.

Gemeinschaftskonto

- ➕ Das Aufteilen von Kosten entfällt, die gemeinsame Verbundenheit wird auch beim Geld deutlich
- ➖ Beide Partner haften für Schulden, ein Partner kann das Konto leerräumen

Zwei-Konten-Modell

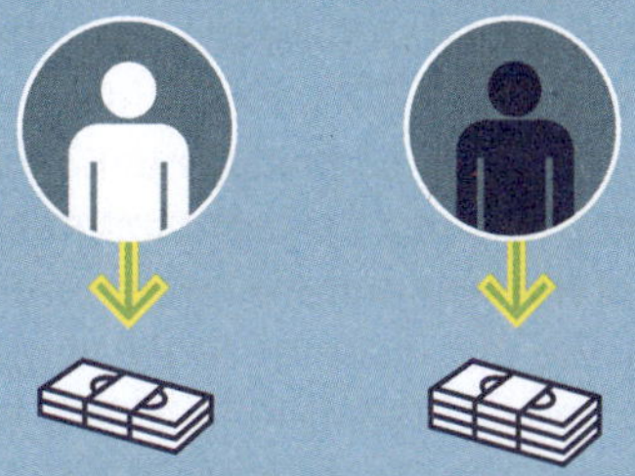

- ➕ Jeder Partner ist für sein Geld selbst verantwortlich
- ➖ Gemeinsame Kosten müssen umständlich abgerechnet werden

Drei-Konten-Modell

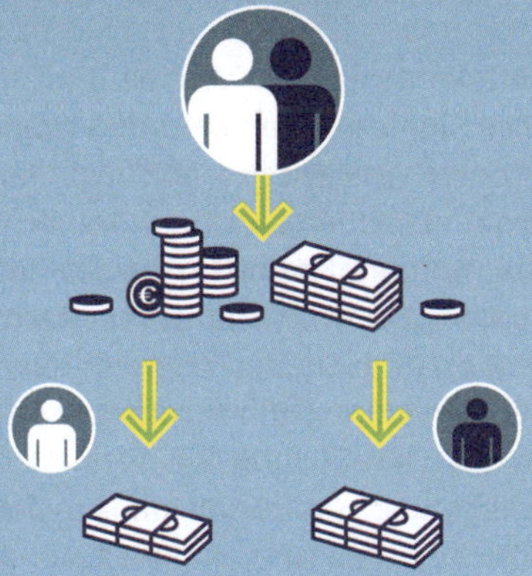

Variante A

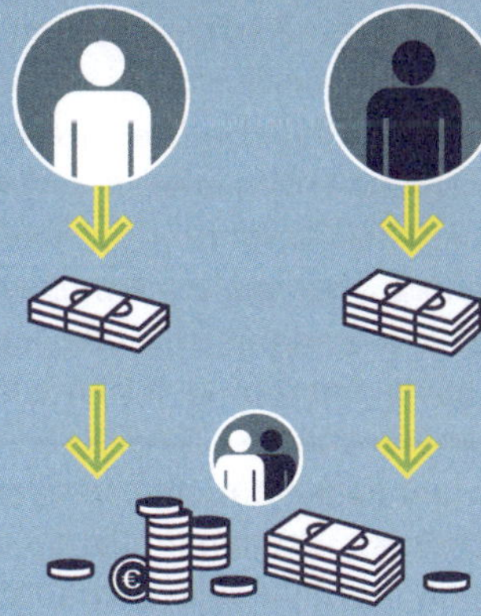

Variante B

- ➕ Wenig Aufwand mit Abrechnungen, Missbrauchspotenzial ist begrenzt, jeder Partner hat Geld zur freien Verfügung
- ➖ Das Gemeinschaftskonto ist ein finanzielles Risiko, Aufteilung der Kosten nach persönlich und gemeinsam birgt Konfliktpotenzial

Gehälter abbildet? Auf der Seite 20 sprachen wir über die Tücken und Schwierigkeiten, die mit der Suche nach einer fairen Aufteilung verbunden sein können.

Unterschätzen Sie auch nicht die Hürden bei der praktischen Umsetzung der Aufteilung. Fixkosten sind dabei noch relativ einfach. Sie zahlt die Miete, und er richtet einen Dauerauftrag mit seinem Mietanteil auf ihr Konto ein. Umgekehrt überweist sie ihm per Dauerauftrag ihren Anteil an den Kosten für den Internetanschluss, weil er das von seinem Konto bezahlt. Die Abrechnung der variablen Kosten wie etwa der Einkauf im Supermarkt kann dagegen mühselig sein. Hier heißt es dann Belege sammeln und sich am Monatsende hinsetzen und Kassensturz machen: Wer hat was bezahlt? Wer schuldet wem wie viel? Das erfordert Disziplin. Wer bei diesem Modell vergesslich ist und nicht ordentlich sammelt, ist im Nachteil. Und natürlich ist nicht garantiert, dass sich nicht doch die ein oder andere private Ausgabe in den Zettelberg schmuggelt, aus Schusseligkeit oder weil man sich nicht an die Regeln hält.

Das Drei-Konten-Modell

Eine Mischform aus den beiden bisher vorgestellten Modellen ist das Drei-Konten-Modell. Beide behalten je ein persönliches Konto und zusätzlich gibt es ein Gemeinschaftskonto. Bei der genauen Ausgestaltung gibt es verschiedene Varianten. So fließen in der einen Variante beide Gehälter auf das Gemeinschaftskonto und von dort geht dann ein Teil auf die individuellen Konten zur freien Verfügung. Dieses Modell eignet sich auch für Partnerschaften mit nur einem Einkommen. Wer keine eigenen Einkünfte hat, erhält auf diesem Weg regelmäßig Geld.

In einer anderen Variante gehen die Gehälter auf die persönlichen Konten und anschließend wird von dort eine vereinbarte Summe auf das Gemeinschaftskonto überwiesen. Wichtig ist natürlich, dass beide pünktlich überweisen. Am einfachsten ist da ein Dauerauftrag. Der Vorteil dieses Modells: Das umständliche Abrechnen entfällt. Gemeinsame Ausgaben werden vom Gemeinschaftskonto bestritten. Zugleich haben beide persönliches Geld zur Verfügung, über das sie frei verfügen können und für das man selbst verantwortlich ist. Geschenke, Ausrüstung für Hobbys, Wochenendtrips – all diese Sachen können von diesem Geld bezahlt werden. Das Drei-Konten-Modell vereint also die Vorteile der beiden anderen Modelle.

Leider vereint es auch die Nachteile. Im Trennungsfall kann ein missgünstiger Partner das gemeinsame Konto leer räumen – auch wenn die betroffene Summe kleiner sein dürfte als bei einem reinen Ein-Konto-

Modell. Und ähnlich wie beim Zwei-Konten-Modell kann sich die Frage stellen, was gemeinsame und was individuelle Ausgaben sind. Das birgt Konfliktpotenzial. Trotzdem empfehlen unsere Experten eine Trennung der Konten, schon allein aus Haftungsgründen.

Mit dem Money-Date die Finanzen im Blick

Eine gute Kostenplanung hilft, finanzielle Ziele zu erreichen und Streit zu vermeiden. Ob das langweilig ist, hängt davon ab, was Sie daraus machen.

Die richtige Budgetplanung kann dabei helfen, die Finanzen harmonisch zu gestalten. Hierbei werden Grenzen für einzelne Ausgabenposten festgelegt, innerhalb denen man sich bewegt. So kann vielleicht die Partnerin über manche Extravaganz hinwegsehen, wenn sie weiß, dass trotzdem noch jeden Monat genug gespart wird. Oder der passionierte Hobbykoch zügelt sich beim Gang durch die Feinkostabteilung, wenn er weiß, dass jeden Monat nur ein bestimmtes Budget für Lebensmittel eingeplant ist.

Die Budgeteinteilung kann den Geldstilen und der gemeinsamen Vision Ausdruck verleihen. Wie viel Geld wollen wir jeden Monat sparen – für Notfälle, größere Anschaffungen und unsere Träume? Wie viel für Freizeit und Aktivitäten ausgeben? Was ist unser Budget für Lebensmittel? Wie viel Geld bekommt jeder zur freien Verfügung? Über Fragen wie diese sollten Sie miteinander sprechen, und es sollte nicht an einem alleine hängen bleiben. Oft ist einer von beiden nur allzu gerne bereit, die Verantwortung für „die Finanzen" abzugeben. Es mag bequem sein, sich nicht damit zu beschäftigen, aber Desinteresse und Unwissenheit führen zu Abhängigkeiten. Es steht zu viel auf dem Spiel, um alle Entscheidungen abzugeben. Zudem ist es auch nur fair, wenn nicht einer die ganze Verantwortung alleine tragen muss, sondern Unterstützung hat.

Mit dem Haushaltsbuch Ordnung in die Finanzen bringen

Ein monatliches Haushaltsbuch hilft, Einnahmen und Ausgaben im Blick zu behalten. So können Sie schnell sehen, wann es Abweichungen gibt und entsprechend gegensteuern. Hier sehen Sie ein Beispiel, wie eine solche Tabelle aussehen kann.

Kategorie	Partner:in A		Partner:in B		Haushalt	
Einnahmen	**Ist**	**Soll**	**Ist**	**Soll**	**Ist**	**Soll**
Gehalt						
Zinsen						
Dividende						
Miete						
Kindergeld						
Gesamt						
Ausgaben						
Miete						
Sparplan						
Lebensmittel / Drogerie						
Streaming (Abos)						
Freizeit						
Auto						
Versicherungen						
Fahrkarten						
Vereine, Fitness ...						
Internet / Telefon						
Rundfunkbeitrag						
Strom						
Sparen (Urlaub ...)						
Gesamt						
Summe Einnahmen						
Summe Ausgaben						
Differenz						

ERFOLGREICH SPAREN. Beim Sparen ist eine Regel wichtig: Sparen Sie nicht, was am Monatsende noch da ist, sondern geben Sie aus, was nach dem Sparen noch übrig ist. Bezahlen Sie erst sich und dann die anderen. Überweisen Sie also direkt am Monatsanfang am besten per Dauerauftrag Ihre Sparsumme auf ein extra Konto. So kommen Sie nicht in Versuchung, es doch noch auszugeben.

Wie Sie sich auch einigen können: In der praktischen Umsetzung hilft es, die oben genannten Kontomodelle weiterzuentwickeln. An der grundsätzlichen Struktur von getrennt und zusammen müssen Sie nichts ändern. Das heißt konkret, dass Sie im Gemeinschaftskonto-Modell und im Drei-Konten-Modell nicht nur ein Gemeinschaftskonto haben, sondern mehrere, zum Beispiel für Ihre langfristigen Sparziele wie Urlaube oder größere Anschaffungen. Das sollten nach Möglichkeit Tagesgeldkonten sein. Diese sind in aller Regel nicht nur kostenlos, sondern bieten auch noch eine Verzinsung. Wenn Sie sich für die strikte Trennung entscheiden wie in Variante zwei, sollte jeder für sich noch weitere Konten für den besseren Überblick einrichten – oder Sie weichen die strikte Trennung etwas auf und richten zumindest zweckgebundene Konten ein. So können Sie beide die Entwicklung Ihrer Sparanstrengungen für gemeinsame Ziele verfolgen.

Eigene Konten für kurzfristige Ausgaben wie Lebensmittel oder Freizeit einzurichten, bietet sich nicht an. Wenn es Tagesgeldkonten sind, müssen Sie nach einem Ausflug oder Kinobesuch ständig das Geld auf Ihr Girokonto zurücküberweisen. Oder, wenn Sie noch weitere Girokonten eröffnen, müssen Sie mit den verschiedenen Karten in Ihrem Portemonnaie zurechtkommen – davon abgesehen sind kostenlose Girokonten selten geworden.

Den Überblick über Ihre Ausgaben behalten Sie hier ganz klassisch mit einem Haushaltsbuch. Auch eine Exceltabelle eignet sich dafür. Auf der vorhergehenden Seite finden Sie ein Beispiel. Oder aber Sie nutzen eine der vielen Haushaltsbuch-Apps. Sie können solche smarten Anwendungen einfach auf Ihr Smartphone laden. Manche Anbieter ermöglichen, die App mit Ihrem Bankkonto zu verknüpfen. So werden Ihre Ausgaben direkt bestimmten Kategorien zugeordnet. Das hilft, den Überblick zu bewahren. In einem unserer Tests (Finanztest 11/2023) schnitt „Finanzguru" unter solchen Apps am besten ab. Die beste App ohne Verknüpfung zum Konto war „Money Manager". Beide Apps sind in einer abgespeckten Version gratis. Die Vollversion kostet jedoch.

Finanzen besprechen muss nicht dröge sein

Egal ob mit Haushaltsbuch, Exceltabelle oder App – einmal im Monat sollten Sie sich zu einem Money-Date zusammensetzen, um zu schauen, wo Sie mit Ihren Finanzen stehen. Das schafft Transparenz. Dieser regelmäßige Termin ist wichtig, weil Sie damit den Überblick über Ihre Ausgaben und Einnahmen bewahren. Wo kommt das Geld her – und vor allem: Wo geht es hin? So können Sie Kostenfresser ausfindig machen, unnötige Ausgaben stoppen und sich neue finanzielle Spielräume erschließen. Die regelmäßige Beschäftigung mit dem eigenen und dem gemeinsamen Geld ist ein sehr mächtiges Werkzeug, um die Finanzen zu optimieren und kann einen nachhaltigeren Effekt haben als eine Beförderung oder ein unerwartetes Erbe.

Sie sollten sich in einem ersten Schritt Ihre Einnahmen anschauen. Zu den Einnahmen gehören nicht nur die Gehälter. Auch die Zahlung von Kindergeld, Elterngeld oder anderen Hilfen gehört dazu. Stimmen die Summen? Wurde alles korrekt überwiesen? Hat der Arbeitgeber auch an die Zuschläge für die Überstunden gedacht und die Kosten der letzten Dienstreise erstattet? Vergessen Sie nicht: Es geht um Ihr Geld und dass Sie auch das Geld bekommen, das Ihnen zusteht.

Vielleicht gibt es bei Ihnen auch noch Einkommen aus Vermietung oder aus Kapitalerträgen wie Dividenden. Was floss aus diesen Quellen aufs Konto? Während es bei den Mieteinnahmen hoffentlich keine Überraschungen gibt, kann das bei Dividenden und Zinsen schon eher der Fall sein. Betrag und Zahltag hat man eher selten im Kopf. Umso schöner, wenn eine solche Überweisung in den Zahlenreihen auftaucht. Sie können dann auch direkt überlegen, wie Sie das Geld verwenden wollen: Reinvestieren? Aufs Urlaubskonto schieben? Für einen Restaurantbesuch ausgeben?

DISZIPLINIERT BLEIBEN. Tappen Sie nicht in die Falle der „Lifestyle Inflation". Wenn die Einnahmen steigen, ist man schnell versucht, auch seine Ausgaben zu erhöhen. Die Urlaube werden teurer, die Restaurantbesuche häufiger, der Lebensstil steigt auf ein neues Level. Das kann sich in Krisenzeiten rächen, wenn die Einnahmen unerwartet sinken. Reden Sie darüber, ob Sie das Einkommensplus nicht lieber sparen wollen, um sich Ihre Träume früher erfüllen zu können oder entspannter dem Ruhestand entgegensehen zu können.

Etwas komplexer kann die Sichtung der Ausgaben sein. Haushaltsbuch oder eine passende App geben zwar schon einen ersten Überblick. Aber es bleibt die Frage: Liegen die Ausgaben im Budget? Oder wurde mehr ausgegeben als geplant? Ein einmaliger Ausreißer ist normalerweise kein Grund zur Sorge. Wenn es aber regelmäßig passiert, dann sollten Sie auf die Suche nach den Ursachen gehen und fragen, was sich geändert hat. Vielleicht haben sich Ihre Gewohnheiten geändert oder die Preise sind gestiegen. Dann müssen Sie gegebenenfalls Anpassungen in den Budgets vornehmen. Sonst riskieren Sie, dauerhaft mehr auszugeben, als Sie sich leisten können.

Unangenehm kann dieser Punkt werden, wenn der Grund für die vom Plan abweichenden Budgets mangelnde Ausgabendisziplin ist, weil beispielsweise zu viel Geld in ein Hobby fließt. Doch das Gespräch muss nicht im Streit enden. „Die Lösung besteht darin, das Gespräch auf eine Ebene zu lenken, die über die Situation bei Ihnen und Ihrem Partner hinausgeht", rät Finanzcoach Ramit Senthi. „Wenn Sie ihm ständig erklären, dass er für irgendetwas kein Geld ausgeben sollte, wird ihn das nerven und er wird Sie ignorieren. Menschen mögen es gar nicht, für ihr Ausgabeverhalten verurteilt zu werden." Sein Tipp, damit es nicht zum Streit kommt: In solchen Fällen auf den gemeinsam vereinbarten Sparplan verweisen. „Niemand muss sich verteidigen, wenn Sie auf ein Stück Papier zeigen (statt mit dem Finger auf den anderen)", schreibt Senthi. Jeder habe unterschiedliche Ansätze, um die gesetzten Spar- und Anlageziele zu erreichen. „Solange Sie beide das Ziel erreichen, sollten Sie in Bezug auf den Weg dorthin flexibel sein. Indem Sie sich auf den Plan konzentrieren und nicht auf die Person, werden Sie eher den Eindruck vermeiden, über Ihren Partner zu urteilen. Dann können Sie daran arbeiten, die Ausgaben auf Ihre Ziele abzustimmen."

HINSCHAUEN. Beim Sichten der Ausgaben können Sie direkt überprüfen, ob die Abbuchungen korrekt sind. Fehler können immer wieder passieren, und Abbuchungen, die Sie nicht nachvollziehen können, sollten Sie gut prüfen. Auch hier geht es wieder um Ihr Geld, und genauso, wie Sie nicht weniger kriegen sollten, als Ihnen zusteht, sollten Sie auch nicht mehr zahlen, als Sie müssen.

Möglicherweise stoßen Sie beim Prüfen auch auf Sparpotenziale. Warum eine Zeitschrift bezahlen, die man selten liest? Oder Mitgliedschaften in Vereinen, wenn Sie sowieso keine Zeit mehr fürs Training haben?

Sie können den Anlass Ihres Money-Dates auch regelmäßig nutzen, um nach günstigeren Alternativen zu schauen. Beim Wechsel des Stromanbieters oder bei manchen Versicherungen lässt sich schnell etwas sparen. Eine gute Orientierung sind dabei die Vergleiche, die unsere Experten durchführen und die Sie auf test.de finden. Wichtig: Schieben Sie die Kündigungen nicht auf, sondern erledigen Sie sie am besten direkt. Die Umsetzungswahrscheinlichkeit von Entscheidungen sinkt mit jedem Tag, der vergeht.

Das alles klingt vielleicht etwas langweilig: Kontoauszüge durchsehen, Zahlen vergleichen, Berechnungen anstellen – es gibt durchaus schönere Sachen, die man zusammen machen kann. Deshalb ist es wichtig, dass sich das Money-Date nicht nur um den ersten Teil des Wortes dreht, sondern auch um den zweiten, das Date. Sonst werden Sie schnell Ausreden finden, um den Zahlencheck immer wieder zu verschieben.

Nutzen Sie also auch die Zeit, um den vergangenen Monat Revue passieren zu lassen und über schöne und herausfordernde Momente zu sprechen. Reden Sie über die (finanziellen) Highlights und auch darüber, was vielleicht nicht so gut lief. Blicken Sie nach vorne auf die finanziellen Ziele. Reden Sie von Ihren Wünschen und Träumen. Auf diese Weise geht es beim Money-Date nicht nur um Zahlen, sondern auch um Ihre Beziehung und darum, was Sie zusammen erreichen und erleben wollen. Das kann Sie noch einmal stärker motivieren, wirklich die vereinbarten Budgets und Sparziele einzuhalten. Im Folgenden finden Sie einen Vorschlag für eine Agenda. Sie kann Ihnen helfen, Ihr Money-Date zu strukturieren.

Eine Agenda für das Money-Date

Behalten Sie die Einnahmen und Ausgaben im Blick. In einer Beziehung sollte die Verantwortung für die Finanzen nicht nur bei einem alleine liegen. Sie sind weder allein Frauen- noch Männersache. Hier ist ein Vorschlag, wie Sie ein solches Money-Date gestalten könnten.

Was waren die (finanziellen) Höhepunkte im letzten Monat?

Lassen Sie den vergangenen Monat Revue passieren und sprechen Sie über Ihre Erfolge und Highlights. Das kann zum Beispiel der Abschluss eines Projekts sein oder auch ein gemeinsamer Ausflug. Dabei sollte es auch um die finanziellen Erfolge gehen: Gab es einen Bonus, einen erfolgreichen Verkauf oder haben Sie es endlich geschafft, das teure Fitnessstudio zu kündigen?

Wie haben sich die Einnahmen entwickelt? Was gab es für Besonderheiten? Schauen Sie bei diesem Punkt auf die Kontoeingänge wie Gehalt, Dividenden, Zinsen oder auch Geldgeschenke. Besprechen Sie, wie Sie zusätzliche Einnahmen verwenden wollen. Eine Möglichkeit kann sein, die Sparrate zu erhöhen.

Gibt es offene Posten? Checken Sie, ob es Außenstände gibt. Überprüfen Sie zum Beispiel, ob Ihr Arbeitgeber ausgelegte Reisekosten erstattet hat, der Onlinehändler Ihnen die Retour korrekt zurücküberwiesen hat oder das Kindergeld eingegangen ist. So finden Sie heraus, ob und wo Sie nachhaken müssen.

Sind die Ausgaben im Plan? Genauso wie die Einnahmen gilt es, auch die Ausgaben zu überprüfen. Bei den Fixkosten dürfte es keine großen Veränderungen geben. Aber es kann sich lohnen, bei dieser Gelegenheit immer mal wieder nach günstigeren Anbietern zu schauen. Die variablen Ausgaben wie Einkäufe für Lebensmittel oder Freizeit dürften stärker schwanken. Hier gilt es, auf den Trend zu achten, also auf die Entwicklung über mehrere Monate zu schauen. Wenn die Ausgaben immer wieder über dem geplanten Budget liegen, ist die Suche nach den Gründen sinnvoll. Sind die Preise gestiegen? Dann muss das Budget angepasst werden und dafür bei anderen Punkten nach Einsparpotenzial gesucht werden. Oder ist es eher ein Problem der Disziplin? Dann ist vermutlich ein offenes Gespräch sinnvoll.

Wie steht es um die finanziellen Ziele? Hier geht es um Ihre Wünsche und Träume. Reicht das Geld inzwischen, um weniger zu arbeiten? Wie viel hat sich auf dem Konto für die große Reise angesammelt? Reden Sie auch darüber, was Sie tun können, um diese Ziele vielleicht schneller zu erreichen: Überlegen Sie zum Beispiel, wo Sie Kosten senken können oder noch besser, wie Sie Ihre Einnahmen erhöhen können, um die Sparquote zu steigern.

Auf was freuen wir uns im nächsten Monat? Was wollen wir angehen? Hier werfen Sie einen Blick auf die nächsten Wochen und das, was ansteht. Aber hier nehmen Sie sich auch Sachen vor, die Sie erreichen wollen. Das kann ein Wechsel zu einem günstigeren Anbieter sein oder mehr Kostendisziplin.

Resümee

Wie lassen sich die gemeinsamen Finanzen organisieren und Ausgabe fair aufteilen? Um diese Fragen ging es in diesem Kapitel. Hier die wichtigsten Punkte.

Geteilte Kosten sind halbe Kosten? Nicht immer muss es gerecht sein, die Kostenbelastung 50:50 aufzuteilen. Die faire Aufteilung der gemeinsamen Ausgaben stellt einen potenziellen Konfliktherd da und sollte daher in einer Beziehung geregelt werden.

Kosten im Verhältnis 50:50 zu splitten klingt zwar gerecht, benachteiligt aber denjenigen, der weniger verdient: Er muss einen höheren Teil seines Einkommens aufwenden. Die andere Möglichkeit ist, die Kosten gemäß dem Verhältnis der beiden Einkommen zu teilen. Dann zahlt jeder gemessen an seinem Verdienst das gleiche. Allerdings zahlt der Besserverdiener absolut eine höhere Summe. So hat jedes Modell seine Vor- und Nachteile. Besprechen Sie, was zu Ihnen und Ihrer Beziehung am besten passt.

Mit einem Drei-Konten-Modell organisieren Sie relativ unkompliziert die Alltagsausgaben und behalten trotzdem einen Großteil Ihrer finanziellen Souveränität. Die Idee des Modells: Jeder hat sein eigenes Konto, überweist aber jeden Monat eine vereinbarte Summe auf ein gemeinsames Konto. Hiervon werden gemeinsame Ausgaben wie Wocheneinkäufe oder Miete beglichen. Der Vorteil: Es gibt kein umständliches Abrechnen und jeder behält die Kontrolle über einen Teil seines Geldes, über den er frei verfügen kann.

Planen Sie gemeinsam, für was Sie jeden Monat wie viel Geld ausgeben wollen, und legen Sie Budgets für die verschiedenen Kategorien fest. Das hilft Ihnen, Ihre finanziellen Ziele zu erreichen und Streit zu vermeiden. Ein Haushaltsbuch oder eine App kann Sie dabei unterstützen, den Überblick zu behalten.

03

Gemeinsam wohnen

Glücklich zusammen zur Miete

Wenn aus zwei Wohnungen eine wird – die Entscheidung, zusammenzuziehen ist für viele Paare ein großer Schritt. So wird die nächste Beziehungsstufe nicht zur Stolperfalle.

Zusammenziehen – das ist nicht nur ein großer emotionaler Gewinn. Es stellt Ihre Verbindung auf eine neue Stufe. Nun verbringt man sein Leben wirklich gemeinsam, teilt die Wohnräume und zahlt die Miete gemeinsam. Es heißt nicht mehr „zu dir oder zu mir?", sondern nur noch „zu uns" und „bei uns".

Der Schritt hat aber auch finanzielle und rechtliche Folgen. Finanziell spart er in vielen Fällen Geld. Sie brauchen zum Beispiel nur noch einen Internetanschluss und nur noch einen Telefonanschluss. Auch die Mietkosten dürften sinken: Wenn einer beim anderen einzieht, entfällt künftig eine Mietzahlung. Aber auch wenn Sie sich zusammen eine neue Wohnung suchen, dürfte es günstiger werden. Denn wahrscheinlich wird die neue Wohnung nicht einfach doppelt so groß sein wie das alte Zuhause.

Zumindest statistisch sinkt der Platz pro Person: Nach Daten des Statistischen Bundesamtes leben Einpersonenhaushalte im Schnitt auf 62,2 Quadratmetern, bei Zweipersonenhaushalten sind es 81 Quadratmeter, macht pro Person also 40,5 Quadratmeter. Die gemeinsame Mietbelastung dürfte also geringer sein als vorher. Tatsächlich geben Zweipersonenhaushalte laut Statistischem Bundesamt im Schnitt 1087 Euro im Monat für Wohnen, Energie und Instandhaltung aus. Für Einpersonenhaushalte liegt die Summe bei 704 Euro. Rein rechnerisch, bei hälftiger Aufteilung, spart also jeder rund 200 Euro. Auf der folgenden Seite ist ersichtlich, in welchen Bereichen oft am meisten gespart wird.

Sparen werden Sie wahrscheinlich auch bei den Versicherungen. Offensichtlich ist das bei der Hausratversicherung. Wenn es nur noch eine und nicht mehr zwei Wohnungen gibt, reicht auch eine Versicherung. Einer von Ihnen kann also die Hausratversicherung kündigen. Prüfen Sie aber, ob der bleibende Vertrag angepasst werden muss, wenn sich die Personenzahl im Haushalt ändert. Das kann auch eine gute

Monatliche Ausgaben im Vergleich

Beim Umzug in die gemeinsame Wohnung verdoppeln sich nicht direkt die Kosten. Statistisch gesehen können Paare vor allem bei der Miete und bei den Ausgaben für Information und Kommunikation Geld sparen.

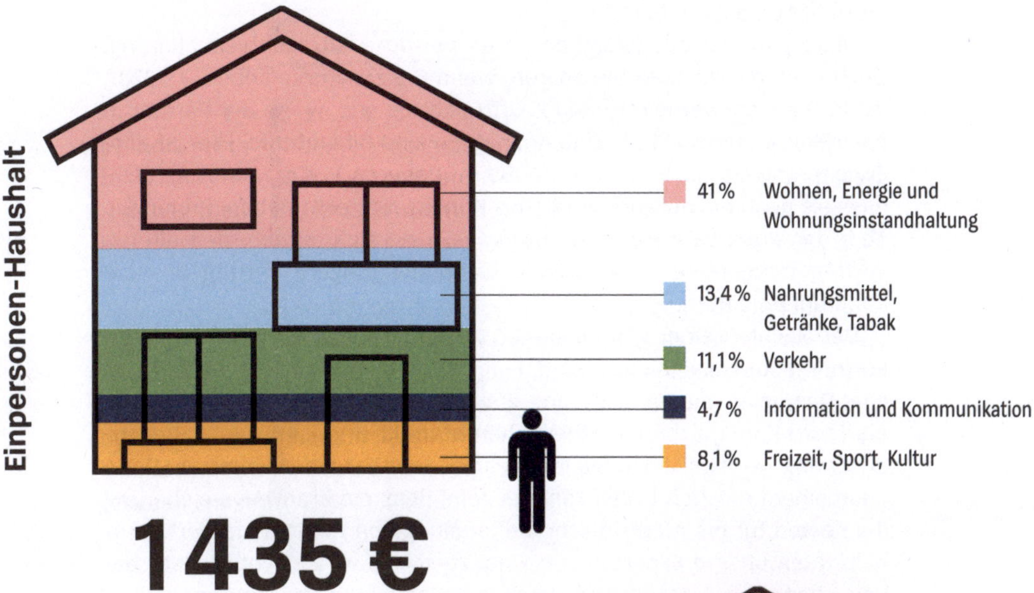

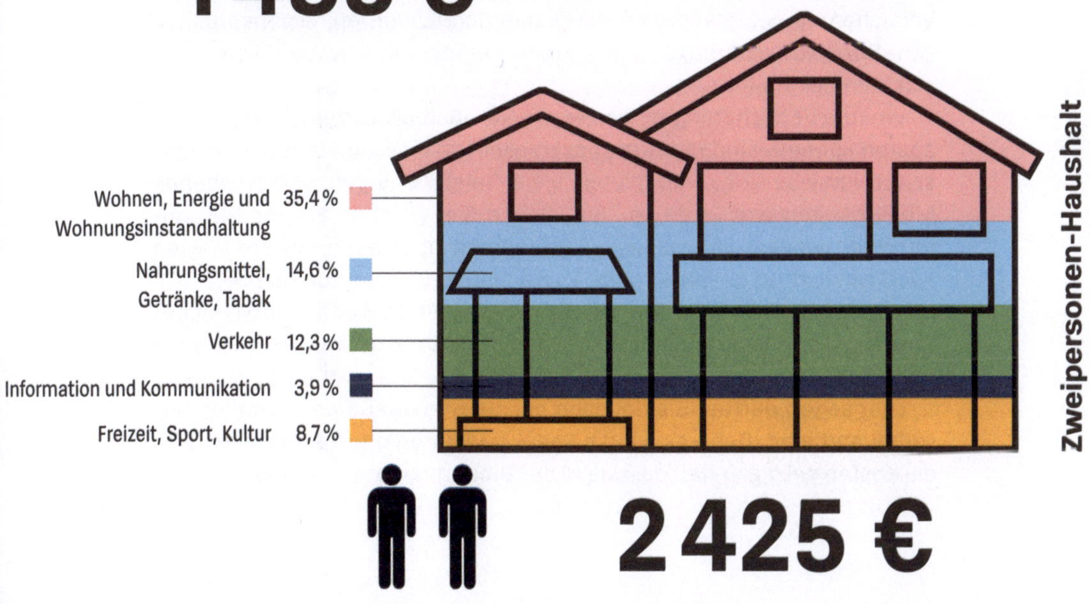

Gelegenheit sein, generell einmal zu schauen, ob es inzwischen bessere Angebote am Markt gibt. Im Falle einer neuen, gemeinsamen Wohnung müssen Sie die Versicherung über die geänderte Größe und Lage informieren, wenn Sie einen bestehenden Vertrag weiterführen wollen. Sonst könnten Sie Ihren Versicherungsschutz verlieren. Es kann auch hier sinnvoll sein, zu prüfen, was es an neuen Angeboten gibt. Unsere Experten vergleichen und prüfen immer wieder die Angebote. Die Ergebnisse finden Sie auf test.de.

Nicht ganz so offensichtlich ist es bei der Haftpflichtversicherung. Doch auch hier können Sie sparen, wenn Sie zusammenleben – selbst, wenn Sie nicht verheiratet sind. Oft reicht es aus, wenn der Partner in einer Police ergänzt wird. Eine Ausnahme sind Singletarife. Hier ist eine Erweiterung des Schutzes nötig. Beim jüngeren Vertrag kann es sein, dass sie noch ein außerordentliches Kündigungsrecht haben. Prüfen Sie aber das Preis-Leistungs-Verhältnis: Es kann sich lohnen, den älteren Vertrag fristgerecht zu kündigen, wenn der jüngere Vertrag bessere Konditionen bietet.

Der Nachteil einer gemeinsamen Police ist, dass die Schäden beim Partner nicht mitversichert sind. Es gibt keine wechselseitigen Ansprüche. Das heißt, die Versicherung greift nicht, wenn Ihnen zum Beispiel die teure Kamera Ihrer Partnerin herunterfällt und kaputtgeht. Besonders heikel wird es, wenn Sie Ihren Partner aus Versehen verletzen. Denn nach einem solchen Unfall kann es sein, dass die Krankenversicherung die Kosten für die medizinische Behandlung von Ihnen einfordert. Deshalb raten unsere Experten von Finanztest, darauf zu achten, dass die Versicherung bei Unverheirateten einen Schutz vor Regressansprüchen von Sozialversicherungsträgern oder Arbeitgebern wegen Personenschäden beinhaltet.

Weitere Versicherungen, bei denen Sie auch als unverheiratetes Paar sparen können, sind die Auslandskrankenversicherung und die Rechtsschutzversicherung. Hier bieten viele Versicherungen entsprechende Möglichkeiten und Tarife an. Vergleichen Sie, welchen Vertrag Sie weiterführen wollen. Fragen Sie zur Sicherheit aber nach, ob die Policen auch wirklich für unverheiratete Paare gelten oder nur für Ehepaare und eingetragene Lebenspartnerschaften. Bei der Kfz-Haftpflichtversicherung müssen Sie auf den Eintrag eines Mitfahrers achten, wenn Sie ein Auto nach dem Umzug gemeinsam nutzen.

Eher selten dürften Sie dagegen bei der Steuer sparen, wenn Sie unverheiratet sind. Denn es gilt die Regel bei Paaren ohne Trauschein: Wer die Kosten getragen hat, darf sie in der Steuererklärung geltend machen.

Es geht also nicht, dass zum Beispiel einer die Handwerkerrechnung bezahlt und der andere sie als Ausgleich für andere Mehrkosten in seiner Steuererklärung ansetzt. Taktische Ausgabenverteilung kann dann eine Rolle spielen, wenn einer von Ihnen keine Steuern zahlt, zum Beispiel, weil die Einnahmen den Grundfreibetrag nicht überschreiten. Dann kann es sinnvoll sein, dass derjenige etwa die Ausgaben für haushaltsnahe Dienstleistungen oder Kinderbetreuung trägt, der auch vom Steuerabzug profitiert.

Was allerdings eine steuerliche Option für beide sein kann, ist die Absetzbarkeit des Arbeitszimmers. Nutzen Sie beide zusammen einen Raum, der die Kriterien des Finanzamtes für ein Arbeitszimmer erfüllt, können Sie normalerweise auch beide die Kosten dafür bei der Steuer angeben. Denn diese sind personenbezogen.

Vermieter einbeziehen, Mietvertrag prüfen

Das Zusammenziehen hat nicht nur finanzielle Folgen. Es gilt auch, auf ein paar rechtliche Dinge zu achten, damit es nicht zu bösen Überraschungen kommt. Ganz wichtig ist, dass der Vermieter über den Einzug informiert wird. Häufig gibt es in Mietverträgen Regelungen, dass nur der Mieter dauerhaft in der Wohnung leben darf. Wenn also der Vermieter nichts vom Einzug erfährt, riskieren Sie eine „unerlaubte Gebrauchsüberlassung an Dritte", wie Juristen sagen. Denn § 540 des Bürgerlichen Gesetzbuches (BGB) verbietet es, die Wohnung ohne Erlaubnis des Vermieters Dritten zu überlassen. Im schlimmsten Fall kann ein Verstoß zur fristlosen Kündigung führen. Sind Sie allerdings verheiratet oder leben in einer eingetragenen Lebenspartnerschaft, greift diese Regelung nicht. Denn ein Ehe- oder Lebenspartner gilt im mietrechtlichen Sinne nicht als „Dritter". Dann brauchen Sie keine Erlaubnis des Vermieters. Trotzdem gebietet es die Höflichkeit, ihn zu informieren, und Sie sollten es auf jeden Fall tun.

FOLGEN FÜR HILFEN. Bezieht einer von Ihnen Sozialleistungen, müssen Sie sich bewusst sein, dass durch das Zusammenziehen eine sogenannte Bedarfsgemeinschaft entsteht. Das kann Folgen für die Berechnung des Bürgergeldes haben, weil Einkommen und Vermögen weiterer Mitglieder der Bedarfsgemeinschaft bei Feststellung des individuellen Leistungsanspruchs berücksichtigt werden. Es kommt dann nicht mehr nur auf die Situation des Empfängers beziehungsweise Antragsstellers an.

Bei Unverheirateten ist die Zustimmung des Vermieters zum Einzug des Partners normalerweise reine Formsache, weil ein „berechtigtes Interesse" des Mieters vorliegt (§ 553 BGB). Nur in wenigen Fällen darf der Vermieter den Wunsch ablehnen. Das Gesetz spricht dann davon, dass es dem Vermieter „nicht zugemutet" werden kann. Das kann zum Beispiel der Fall sein, wenn eine Störung des Hausfriedens zu erwarten ist. Auch eine Überbelegung der Wohnung würde ein Nein des Vermieters rechtfertigen. Als grober Richtwert gilt hierfür, dass jeder Person weniger als neun Quadratmeter Platz zur Verfügung stehen.

Mit einer Mieterhöhung müssen Sie nach dem Einzug in aller Regel nicht rechnen. Zwar hätte der Vermieter grundsätzlich das Recht dazu (§ 553 Abs. 2 BGB). Allerdings dürfte es ihm in der Praxis schwerfallen, einen Bedarf für die Erhöhung der Grundmiete nachweisen zu können. Denn diese wird für die Größe der Wohnung und ihre Lage gezahlt. Beides ändert sich nicht durch den Einzug. Allerdings kann der Vermieter einen Zuschlag für die erhöhte Abnutzung der Wohnung verlangen.

ANPASSUNG DROHT. Auch ohne Mieterhöhung kann es teurer werden. Die Betriebskosten können steigen. Hier kann der Vermieter eine Anpassung vornehmen, weil zum Beispiel der Wasserverbrauch bei zwei Personen höher ist als bei einer.

Es kann sinnvoll sein, den Vermieter mit dem Einzug des Partners darum zu bitten, diesen in den Mietvertrag aufzunehmen und damit zum gleichberechtigten Mitmieter der Wohnung mit allen Rechten und Pflichten zu machen.

Das kann aber auch Nachteile haben, die Sie beachten sollten. Wer im Mietvertrag steht, haftet gleichermaßen für die Miet- und Betriebskosten. Der Vermieter kann es sich also im Zweifelsfall aussuchen, von wem er die Miete verlangt. Im Extremfall muss man also auch nach einer Trennung noch zahlen, obwohl man bereits ausgezogen ist. Eine Kündigung der Wohnung ist nur gemeinsam möglich. Wer auszieht, muss den Vermieter um eine Vertragsänderung bitten und um die Entlassung aus dem gemeinsamen Mietvertrag. Das geht nur mit Zustimmung des Vermieters. Ausnahmen sieht das Gesetz allerdings im Falle einer Scheidung vor.

Auf der anderen Seite bedeutet die Aufnahme in den Mietvertrag Sicherheit. Beide sind gleichberechtigte Mieter, und im Falle einer Trennung kann keiner von beiden vor die Tür gesetzt werden. Hier müssen Sie also abwägen, was Ihnen wichtig ist und was zu Ihrer persönlichen Situation passt. Eine Rolle mag auch der symbolische Aspekt spielen: Mit einem Mietvertrag, in dem Sie beide stehen, machen Sie deutlich, dass es wirkliche Ihre gemeinsame Wohnung ist und Sie beide gleichberechtigte Mieter sind.

Eine Alternative zum gemeinsamen Mietvertrag kann ein Untermietvertrag mit dem Hauptmieter der Wohnung sein. Ein Untermieter hat zwar keine Rechte gegenüber dem Vermieter. Allerdings entstehen Rechte und Pflichten dem Hauptmieter der Wohnung gegenüber. In so einem Vertrag können Sie zum Beispiel Miet- und Betriebskostenzahlungen regeln und Kündigungsfristen für den Fall eines Auszuges vereinbaren, etwa bei einer Trennung.

Miete an den Partner zahlen?

Gehört die Wohnung einem von beiden, dann ist das alles nicht nötig. Aber auch hier sollten ein paar Absprachen getroffen werden. Denn wenn Sie kein Gemeinschaftskonto haben, stellt sich die Frage, wie die Kosten der Wohnung gerecht aufgeteilt werden. Immerhin ist die Ausgangssituation so, dass wahrscheinlich ein Immobilienkredit getilgt werden muss, andererseits Mietkosten gespart werden. Auf dem Papier besteht also ein Ungleichgewicht.

Wie so oft in Beziehungen gilt es auch in diesem Fall, offen darüber zu reden und nach einer passenden Lösung zu suchen. Naheliegend ist eine Beteiligung an den Finanzierungskosten. Problematisch kann dieser Weg aber sein, wenn diese Beteiligung höher ist als die in dieser Wohnlage angemessene Miete. Sie dürfen nicht vergessen: Eine teilweise Übernahme der Finanzierungskosten macht niemanden zum Miteigentümer. Solange die Summe angemessen ist und einer Miete entspricht, macht es keinen großen Unterschied, ob man das Geld einem Vermieter oder dem Partner gibt. Schwierig kann es jedoch sein, wenn mehr gezahlt wird.

SONDERZAHLUNGEN. Sie sollten auch das Gespräch suchen, wenn Sie ein Gemeinschaftskonto haben und davon Sonderzahlungen auf den Immobilienkredit geleistet werden oder die Tilgungsrate erhöht wird. Denn es ist gemeinsames Geld, das in eine Immobilie fließt, die aber nur einem von Ihnen gehört.

Wenn es sich komisch anfühlt, an den anderen Miete zu zahlen, könnte es auch eine Lösung sein, wenn im Gegenzug andere Kosten im Haushalt übernommen werden, die einen ähnlichen Wert haben.
Ein Paartherapeut berichtete von einem Fall, in dem ein Mann seiner Frau jahrelang Miete zahlte. Dann bot er ihr an, die Restschuld des Immobilienkredits zu übernehmen. Sie nahm an, und er darf nun bis zu seinem Lebensende mietfrei bei ihr wohnen. Für den Fall einer Trennung vereinbarte das Paar, dass die Frau ihrem Mann den Tilgungsbeitrag abzüglich der bis dahin aufgelaufenen Miete zurückzahlt. Auch eine Ratenzahlung ist möglich, falls sie die Restsumme nicht auf einen Schlag zahlen kann.

Denkbar sind auch andere Lösungen. Nimmt beispielsweise ein Partner durch den Einzug in die Wohnung des anderen einen deutlich weiteren Weg zur Arbeit in Kauf, können die höheren Fahrtkosten dann der „Beitrag" sein. Die Möglichkeiten sind zahlreich.

Den Umzug stressfrei regeln

Über all den rechtlichen und finanziellen Fragen des Zusammenziehens dürfen Sie natürlich nicht die Organisation des „großen Tages" vergessen. Etwas Planung ist nötig, damit der Umzug reibungslos gelingt.

Wenn alles geklärt ist und Sie zusammenziehen wollen, steht Ihnen noch eine große Herausforderung bevor: der Umzug. Am Anfang steht die Kündigung des alten Mietvertrags. Das geht nur schriftlich. Informieren Sie sich in Ihrem Mietvertrag über die Kündigungsfrist. In der Regel beträgt sie drei Monate. Das heißt, Ihr Schreiben muss den Vermieter bis zum spätestens dritten Werktag erreichen, damit der Mietvertrag mit Ablauf das übernächsten Monats endet. Sonst müssen Sie noch einen Monat länger zahlen. Mit einem Einwurfeinschreiben können Sie nachvollziehen, wann Ihr Brief im Briefkasten landet.

Prüfen Sie, was Sie neben dem Mietvertrag noch kündigen müssen. Liegt die neue Wohnung weit weg, stellt sich etwa die Frage, welche Mitgliedschaften sich noch lohnen. Manche Verträge brauchen Sie auch nicht mehr, wenn Sie zu Ihrem Partner ziehen. Checken Sie daher etwa Versicherungs- und Versorgerverträge, damit Sie nicht doppelt zahlen. Wenn Sie Strom und Gas von einem Grundversorger beziehen, kann der Vertrag grundsätzlich innerhalb von zwei Wochen gekündigt werden, Telefon- und Internetvertrag mit einer Frist von vier Wochen.

Mit der Kündigung des Mietvertrags beginnt die Uhr zu ticken. Sie wissen nun, bis wann Sie aus der Wohnung raus sein müssen. Der Countdown läuft. Wenn Sie es nicht schon vorher getan haben, wird es nun Zeit, dass Sie sich um einen ausreichend großen Transporter bemühen. Fragen Sie schon frühzeitig bei Verleihern an, damit Sie auf jeden Fall ein passendes Fahrzeug zu Ihrem Wunschdatum erhalten. Außerdem ist es wichtig, dass Sie sich um Umzugskartons und Helfer kümmern. Spätestens sechs bis fünf Wochen vor dem Umzug sollten Sie damit beginnen. Je nach Örtlichkeiten ist es auch ratsam, dass Sie ein Parkverbot vor der alten und der neuen Wohnung einrichten lassen, um die Wege beim Be- und Entladen kurz zu halten. Dienstleister können das für Sie übernehmen oder Sie beantragen es selber bei der örtlichen Straßenverkehrsbehörde.

Das alles brauchen Sie normalerweise nicht, wenn Sie ein Umzugsunternehmen beauftragen. Das ist zwar teurer, aber natürlich auch deutlich bequemer. Die Firma haftet auch für Umzugsschäden am Hausrat. Beginnen Sie frühzeitig, sich Angebote einzuholen. Dann können Sie vergleichen. Achten Sie darauf, ob in den Angeboten auch die Umsatzsteuer ausgewiesen ist. Sonst gibt es eine teure Überraschung, wenn dieser Posten noch obendrauf kommt. Achten Sie aber nicht nur auf den Preis: Es tummeln sich auch viele dubiose Anbieter auf dem Markt. Seien Sie daher vorsichtig. Kundenbewertungen im Netz und Gütesiegel können Ihnen eine Orientierung bieten.

Kommt das mit oder kann das weg?

Je nach Auftrag übernimmt das Umzugsunternehmen auch das Packen für Sie. Aber natürlich macht es wenig Sinn, die alte Wohnung eins zu eins mitzunehmen. Ob Sie also selbst packen oder packen lassen – Sie kommen nicht umhin, sich ein paar Gedanken darüber zu machen, was alles mit soll. Umzüge sind auch immer gute Gelegenheiten, einmal zu entrümpeln und sich von Dingen zu trennen. Falls Sie selbst Hand anlegen: Je mehr Sie aussortieren, desto weniger müssen Sie tragen.

Das Sichten ist vor allem wichtig, wenn Sie zusammenziehen. In der Wohnung Ihres Partners ist höchstwahrscheinlich ja schon das meiste vorhanden. Ähnlich ist die Situation, wenn Sie zusammen in eine neue Wohnung ziehen. Auch hier wird aus zwei Haushalten einer. Vieles werden Sie doppelt haben. Besprechen Sie also gemeinsam, was Sie behalten wollen, was weg soll und was Sie neu anschaffen wollen.

Wenn Sie frühzeitig mit dem Überprüfen beginnen, haben Sie Zeit, gut erhaltene Dinge zum Beispiel über Kleinanzeigen-Portale im Internet weiterzuverkaufen oder auch zu verschenken. Das spart Müll und Fahrten zum Wertstoffhof. Manche Möbel können Sie vielleicht auch gegen eine Ablöse an den Nachmieter weiterverkaufen.

STREICHEN ODER NICHT? Bei der Organisation Ihres Umzugs sollten Sie auch Zeit für die Herrichtung der alten Wohnung einplanen. Was Sie alles tun müssen, steht im Mietvertrag. Steht dort nichts von streichen oder tapezieren, müssen Sie es auch nicht. Es kann auch sein, dass manche Klauseln inzwischen unwirksam sind. Auch dann können Sie sich die Arbeiten sparen. Mehr zum Thema Schönheitsreparaturen und Vertragsklauseln finden Sie unter test.de/schoenheitsreparaturen.

Vergessen Sie während des Packens und Aussortierens nicht noch ein paar andere wichtige Schritte:

Nachsenden. Ein Nachsendeauftrag sorgt dafür, dass Sie Post auch noch mit Ihrer alten Adresse erreicht. Diesen müssen Sie mindestens fünf Werktage vor Beginn der Laufzeit in Auftrag geben.

Übergeben. Vereinbaren Sie einen Besichtigungstermin und die Schlüsselübergabe mit dem Vermieter.

Informieren. Überlegen Sie, wem Sie alles Ihre neue Adresse mitteilen und gehen Sie es sukzessive an.

Ummelden. Denken Sie auch daran, Ihr Auto umzumelden. Nach dem Einzug fehlt dann nur noch, dass Sie sich zeitnah beim Einwohnermeldeamt melden. Dafür haben Sie zwei Wochen Zeit.

Damit Sie von den vielen Dingen nichts vergessen: Checklisten für den Umzug finden Sie unter test.de/umzug (kostenpflichtig).

Die gemeinsame Immobilie

Viele romantische Vorstellungen sind mit einem eigenen Zuhause verbunden. Damit sich die Hoffnungen erfüllen, gilt es allerdings, mit kühlem Kopf zu planen.

Viele Paare sind in einer Mietwohnung glücklich. Womöglich kommt man aber auch an einen Punkt, wo der Wunsch nach etwas Eigenem entsteht, einem Zuhause, in dem man alt werden kann ohne die Angst, sich eines Tages die Miete nicht mehr leisten zu können oder wegen einer Eigenbedarfskündigung vor die Tür gesetzt zu werden.

Ein Eigenheim kann auch aus Sicht des Vermögensaufbaus sinnvoll sein. Zwar weist eine Immobilie nicht unbedingt einen Renditevorteil gegenüber anderen Formen der Geldanlage auf. Die vergangenen Jahre mit dem rasanten Preisanstieg täuschen darüber hinweg, dass der Wert von Immobilien lange Zeit kaum stieg und man mit einem breit gestreuten Aktienportfolio im Durchschnitt besser gefahren wäre. Faktoren wie Kaufnebenkosten und Instandhaltung dürfen ebenfalls nicht außer Acht gelassen werden.

Aber der Kauf oder Bau eines Eigenheims setzt ein „positives Zwangssparen" in Gang. Wer sich für diesen Schritt entscheidet, hat letztlich keine Alternative mehr, als zu sparen. Will man nicht seine Immobilie und die dort investierten Ersparnisse an die Bank verlieren, hat man keine andere Möglichkeit, als regelmäßig die Raten zu zahlen. Selbst in Krisenzeiten wie Arbeitslosigkeit, wenn das Geld knapp ist, wird man sein Möglichstes tun, um diesen Verpflichtungen nachzukommen. Verschnaufpausen sind kaum oder nur sehr eingeschränkt möglich.

Anders sieht es aus, wenn man weiter zur Miete wohnt und alternativ über einen Sparplan in ein breit gestreutes Aktienportfolio investiert. Der Sparvorgang lässt sich jederzeit leicht unterbrechen. Die Einzahlungen sind freiwillig, und es droht keine Zwangsräumung, wenn man für ein paar Monate aussetzt. Mit der gleichen Spardisziplin wie der Eigenheimbesitzer hätte man zwar gute Chancen, bis ins Alter ein ähnliches oder vielleicht gar ein größeres Vermögen aufzubauen. Doch mit der Disziplin ist es eben so eine Sache. Verzichten ist schwieriger als konsumieren.

Die Finanzierung fair regeln

Der Kauf oder Bau einer Immobilie ist ein großer finanzieller Schritt. Ein Großteil der Ersparnisse fließt meist als Eigenkapital in dieses Projekt und es bedeutet, wie eben beschrieben, eine womöglich jahrzehntelange Verpflichtung. Dessen müssen Sie sich bewusst sein. Genauso müssen Sie darüber reden, wie Sie das Projekt als Paar gestalten wollen. Hier gibt es eine Reihe von Entscheidungen, die Sie bei der Finanzierung treffen müssen. Es ist sehr wichtig, dass Sie sich über die Konsequenzen dieser Entscheidungen im Klaren sind.

Ein zentraler Punkt beim Immobilienkauf ist die Höhe des Eigenkapitals, das in den Erwerb fließen kann. In aller Regel bestimmt das Eigenkapital – neben den Möglichkeiten der Tilgung – mit darüber, wie hoch der Kredit ausfällt, da viele Banken eine finanzielle Beteiligung des Käufers verlangen. Umgekehrt lässt sich über die Höhe des Eigenkapitalanteils steuern, wie hoch die monatliche Belastung bei der Rückzahlung des Kredits ist. Je kleiner der Kredit, desto weniger muss getilgt werden. In unserer Übersicht „Wie viel Haus ist drin?" auf der folgenden Seite erfahren Sie mehr darüber, wie Sie abschätzen können, wie hoch Ihr Finanzierungsspielraum ist. Die Rechnung können Sie individuell für verschiedene Annahmen anpassen.

Daher sollten Sie möglichst früh bei Ihrem Immobilienprojekt klären, wie viel Eigenkapital Sie einbringen können. Gesprächsbedarf dürfte es geben, wenn Sie über Ersparnisse in unterschiedlicher Höhe verfügen oder aus anderen Gründen nicht die gleiche Summe für das Eigenkapital aufbringen wollen. Dann stellt sich die Frage, ob und wie Sie diesen Unterschied bei Ihrem Immobilienprojekt abbilden wollen. Soll Ihnen trotzdem gleich viel am Haus gehören, auch wenn Sie nicht gleich viel investieren? Oder wollen Sie den unterschiedlichen Finanzierungsbeitrag berücksichtigen?

SPIELRÄUME NUTZEN. Zwar gilt der gemeinschaftliche Kauf einer Immobilie als Normalfall. Allerdings kann es sich lohnen, auch über andere Wege nachzudenken. So können Sie eine Immobilie auch als Gesellschaft bürgerlichen Rechts (GbR) erwerben. Der Vorteil ist der größere Gestaltungsspielraum. So kann etwa einer von Ihnen seine Anteile an die eigene GmbH oder Stiftung verkaufen und damit Bewertungsgewinne heben, nach entsprechender Zeit sogar steuerfrei. Die Immobilie bleibt trotzdem Eigentum.

Wie viel Haus ist drin?

Bei der Planung des eigenen Zuhauses muss man wissen, was finanziell möglich ist. Dabei beeinflussen viele Faktoren die maximale Höhe der Kreditsumme. Die Beispielrechnung zeigt, wie Sie sich einen ersten Überblick verschaffen können.

Welche Monatsrate können Sie sich leisten?

Wie hoch ist Ihre aktuelle Miete (Nettokaltmiete ohne Betriebskosten in Euro)?		1350
Wie viel haben Sie im Durchschnitt der letzten beiden Jahre im Monat gespart (Euro)?[1]		+ 750
Wie groß soll Ihr Haus oder Ihre Wohnung sein (m^2)?	100	
Pauschale für Nebenkosten pro m^2 und Monat (Euro) (Bewirtschaftung, Heizung, Rücklage Instandhaltungen)	× 4,50	
Bewirtschaftungskosten (Euro)		– 450
Maximale Kreditrate pro Monat (Euro)		**= 1650**

Wie viel Kredit können Sie damit aufnehmen?

Aktueller Zinssatz für Hypothekendarlehen (Prozent pro Jahr), 15 oder 20 Jahre Zinsbindung	4,00	
Tilgungssatz (Prozent pro Jahr), mindestens 1,5 %	+ 1,50	
Annuität (Prozent pro Jahr)	= 5,50	
		: 5,50
12 Raten pro Jahr × 100		× 1200
Maximale Kreditsumme (Euro)		**= 360 000**

Wie hoch darf der Kaufpreis höchstens sein?

Verfügbares Eigenkapital (Euro)			+ 112 000
Reserve zum Beispiel für Umzug (Euro)			- 10 000
Finanzierbare Gesamtkosten (Euro)			**= 462 000**
Kaufnebenkosten in Prozent des Kaufpreises[2]	10		
Gesamtkosten in Prozent des Kaufpreises	+ 100		
	= 110	: 100	
Divisor			: 1,1
Maximaler Kaufpreis (Euro)			**= 420 000**

1) Variante: Ermitteln Sie anhand Ihrer Kontoauszüge den durchschnittlichen monatlichen Überschuss Ihrer Einnahmen über Ihre Ausgaben; 2) Grunderwerbssteuer, Notar- und Grundbuchkosten und Maklerprovision.

Das Grundbuch ist der Ort, der die Eigentumsverhältnisse anzeigt. Hier können Sie eintragen lassen, welcher Anteil jedem von Ihnen gehört. Das eingebrachte Eigenkapital kann dabei berücksichtigt werden. Das heißt, steuert einer 60 Prozent des Eigenkapitals bei, kann dies über einen Eigentumsanteil von 60 Prozent im Grundbuch abgebildet werden. Die Anteile müssen aber nicht mit der tatsächlich gezahlten Summe übereinstimmen. Hier sind Sie frei in der Aufteilung.

FAIRE AUFTEILUNG. Konsequenterweise sollten sich die Besitzverhältnisse auch in den anderen Punkten widerspiegeln. Das heißt, Tilgung und Instandhaltungskosten sollten im selben Verhältnis aufgeteilt werden, damit es stimmig ist. Es wäre ungerecht, wenn bei gleichem Beitrag zur Tilgung einem von beiden weniger an der Immobilie gehört.

Es kann sich komisch anfühlen, wenn dem einen das Zuhause „mehr" gehört als dem anderen. In diesem Fall ist dann Kreativität gefragt, um eine Lösung zu finden, mit der sich beide wohlfühlen.

Wenn Sie kein Gemeinschaftskonto haben, könnte zum Beispiel einer von Ihnen einen höheren Anteil an der Darlehensrate tragen. Der überproportionale Anteil an der Immobilie, gemessen am eingebrachten Eigenkapital, wäre in diesem Fall eine Art Kredit, der nach und nach zurückgezahlt wird.

Eine Beispielrechnung verdeutlicht diese Lösung: Anna und Martin kaufen zusammen eine Immobilie. Anna bringt 30 000 Euro Eigenkapital ein, Martin aber nur 10 000 Euro. Trotzdem lassen sich Anna und Martin mit einem Anteil von jeweils 50 Prozent ins Grundbuch eintragen. Dabei hat Anna 75 Prozent des Eigenkapitals eingebracht, Martin nur 25 Prozent. Dafür übernimmt er vorerst einen höheren Anteil an der monatlichen Tilgungsrate von 2 500 Euro: Martin zahlt 1 520 Euro, Anna nur 980 Euro. Nach etwas mehr als drei Jahren hat Martin auf diese Weise rund 20 000 Euro mehr abbezahlt als Anna. Die Differenz beim Eigenkapital ist damit beseitigt. Die beiden tragen ab dann einen gleich großen Anteil an der Tilgungsrate. Jeder zahlt also 1 250 Euro.

Eine solche Lösung birgt ein gewisses Risiko. Zerbricht die Beziehung vorher, hat Anna keine Garantie, dass sich Martin weiter an die Vereinbarung hält. Ein Vertrag wäre für so einen Fall wichtig.

Neben den Aspekten Eigenkapital und Grundbuch ist ein weiterer wichtiger Punkt der Kreditvertrag mit der Bank. Hier geht es um die Frage, ob beide genannt werden sollen oder nicht. Wenn beide unterschreiben, bedeutet das, dass auch beide in der Pflicht sind. Die Bank kann beide in die Verantwortung nehmen. Kann einer von beiden nicht mehr zahlen, kann die Bank beim anderen vorstellig werden. Dafür sind meist die Konditionen besser, als wenn der Kreditvertrag auf nur eine Person lautet. Das heißt, überlegen Sie es sich gut, ob Sie wirklich mit im Kreditvertrag stehen wollen, wenn Ihnen möglicherweise keine oder nur wenige Anteile an der Immobilie gehören. Dafür, dass Ihr Partner bessere Konditionen erhält, gehen Sie ein großes persönliches Risiko ein.

Das Eigenheim als Beziehungsgefahr

Ein Eigenheim kann emotional eine ziemliche Belastung für die Beziehung sein. Die Planung, die Gespräche mit dem Architekten und den Handwerkern, die Frustration, dass sich manche Wünsche nicht realisieren lassen und das Haus anders aussehen wird als das Traumhaus, das man sich seit Jahren in Gedanken ausgemalt hat – das alles kann sehr anstrengend sein. Zur wahren Belastungsprobe dürfte es kommen, wenn Sie durch Eigenleistung versuchen, Geld zu sparen.

> **MANGELNDE KENNTNISSE. Eigenleistungen sollten ohnehin grundsätzlich nur nach reichlicher Überlegung eingeplant werden. Die meisten Bauherren verfügen nicht über die gleichen Fähigkeiten wie Handwerker. Es drohen dadurch Mängel und Verzögerungen im Bauablauf, weil die in Eigenregie geleisteten Arbeiten nicht rechtzeitig für die anderen Gewerke fertig werden.**

In der Beziehung drohen Konflikte wegen des enormen Zeitaufwands, der nötig ist, um signifikant Kosten zu senken. Der Verband Privater Bauherren schätzte in einer Untersuchung am Beispiel eines Reihenendhauses im Großraum Leipzig/Dessau, dass eine Eigenleistung im Umfang von 475 Stunden nötig ist, um einen Betrag von rund 16 000 Euro einzusparen. Das würde umgerechnet bedeuten, mehr als ein ganzes Jahr lang jeden Samstag acht Stunden auf der Baustelle zu arbeiten. Oder, um den Aufwand an einem anderen Vergleich zu zeigen, mehr als acht Wochen jeden Tag acht Stunden. Wenn Sie dort zu zweit arbeiten und nicht nur einer alleine, sinkt die Dauer. Es bleibt aber trotzdem viel Zeit, die in das Haus fließt. Das kann gut gehen. Aber Sie sollten bedenken, welche Folgen diese Belastung für Ihre Beziehung haben kann. Unterschätzen Sie nicht, was Eigenleistung am Bau bedeutet, und überschätzen Sie nicht, wie viel Sie tatsächlich sparen können.

Das Dreieck der vier Wände

Viele Aspekte spielen bei der Frage „Kaufen oder mieten?" eine Rolle. Sie berühren den Lebensstil, Fragen der Finanzierung und auch die Auswirkungen auf Karriere und Alltag. Die Antwort findet sich letztendlich in einem Spannungsfeld zwischen diesen drei Polen.

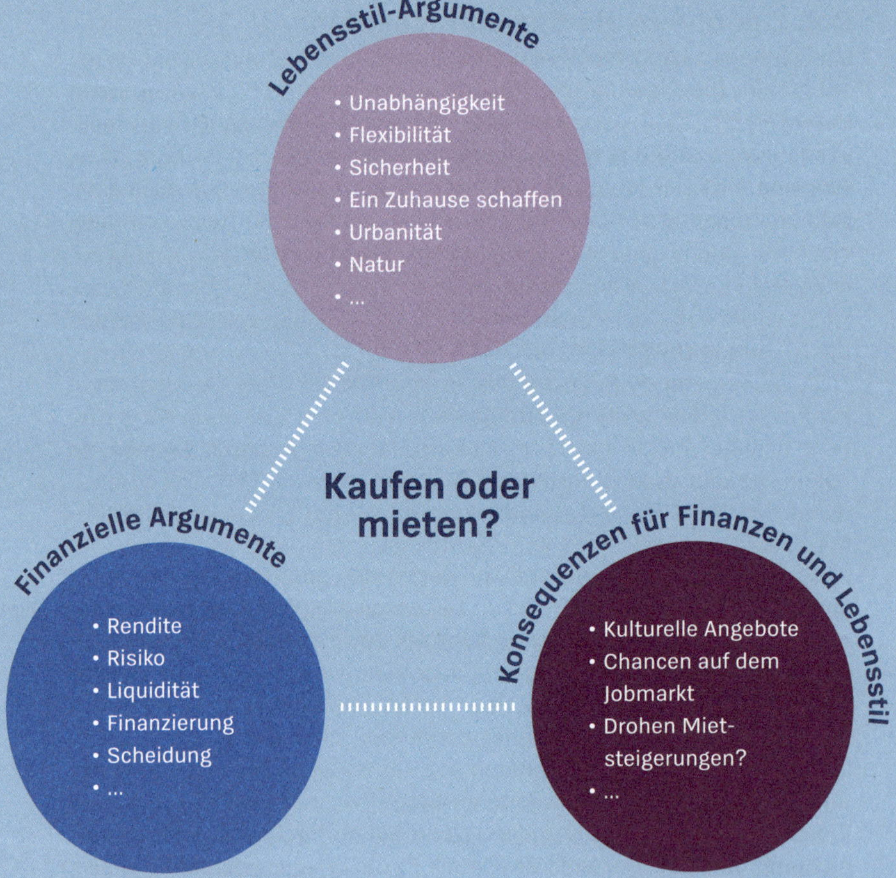

FOLGEN FÜR DEN ALLTAG. Wegen all dieser Hürden, die es zu meistern gilt, ist es wichtig, das Projekt Eigenheim nicht blauäugig anzugehen. Es gibt viele Punkte zu besprechen – finanzielle, aber auch den Alltag betreffend: Sind genügend Reserven vorhanden, um auch Kostensteigerungen abfedern zu können? Was heißt ein längerer Weg ins Büro, wenn das Haus weit außerhalb der Stadt liegt? Wofür fehlt dann die Zeit? Wie viel mehr Arbeit macht ein Haus gegenüber einer Mietwohnung?

Vor allem dürfen Sie keine unrealistischen Glückserwartungen haben. „Oft folgen Paare bei ihrem Wunsch, ein Haus zu haben, gesellschaftlichen Vorstellungen", schrieb der Paartherapeut Christian Thiel vor einigen Jahren in einem Blogbeitrag mit der vielsagenden Überschrift „Zehn Wege mit einer Immobilie unglücklich zu werden". „Ein Haus zu bauen, gehört einfach dazu. Alle machen das. Und angeblich macht es auch glücklich. Und so erwartet das Paar Wunderdinge von dem Einzug ins neue Heim." Doch was passiere dann wirklich? „Nichts! Die Stimmung ist so wie zuvor. Oder die Stimmung ist nur für kurze Zeit gehoben und dann – so wie zuvor."

Zu all den Fragen rund um das Thema Finanzierung, Bau und Alltag kommt noch eine weitere wichtige dazu: Was passiert, wenn die Beziehung scheitert? Was soll dann mit dem Haus geschehen? „Eigenheime haben wie kein anderer Vermögenswert das Potenzial, im Fall von Scheidungen zu emotionalen Brandherden zu werden", hat der Münchner Vermögensverwalter Gerd Kommer beobachtet. „Wenn die Beziehung nicht hält, kann das Eigenheim großen zusätzlichen emotionalen Stress verursachen und im schlimmsten Fall diese Beziehung, die ansonsten eine Krisenzeit überlebt hatte, zerbrechen." Wer gibt schon leichten Herzens sein Zuhause auf? Es geht hier ja auch um Erinnerungen. Was ist ein angemessener Preis, wenn der eine den anderen ausbezahlt? Selbst Gutachten können hier nicht immer helfen.

Deshalb ist es besser, schon vorher zu besprechen, was im Trennungsfall mit dem Haus passiert. Halten Sie die Vereinbarung auch schriftlich fest, womöglich sogar zusammen mit einem Notar. Notieren Sie auch, wer wie viel Geld in das Haus gesteckt hat, etwa bei Reparaturen oder Umbauten. Wenn Sie sich schon „in guten Tagen" nicht auf ein Vorgehen einigen können, dürfte es im Falle der Trennung fast unmöglich werden, wenn verletzte Gefühle im Spiel sind. Ohne eine solche Absprache kann es ratsam sein, von dem Projekt Abstand zu nehmen.

Eine Immobilie als Kapitalanlage kann vieles einfacher machen

Verzichten müssen Sie aber nicht auf eine Immobilie. Nur ist es vielleicht nicht das Eigenheim, sondern eine Immobilie als Kapitalanlage. Auch wenn es sich natürlich nicht ausschließen lässt, so dürfte es im Trennungsfall weniger konfliktreich zugehen. Denn nur selten ist man einer vermieteten Immobilie emotional sonderlich verbunden. Ein Verkauf oder ein Verzicht gegen eine angemessene Entschädigung dürfte daher einfacher sein.

Weiter zur Miete zu wohnen und in eine Immobilie als Kapitalanlage zu investieren, bietet auch abseits der Vermeidung von Konflikten weitere Vorteile:

Flexibilität. Wer zur Miete wohnt, tut sich mit einem Umzug deutlich leichter. Ein Mietvertrag lässt sich innerhalb von ein paar Monaten kündigen. Einem Jobwechsel, einem Umzug in einen anderen Stadtteil, weil dort die Schulen besser sind, steht also kein aufwendiger Verkauf eines Eigenheims im Weg.

Steuerliche Vorteile. Eine Immobilie als Kapitalanlage bietet eine Reihe von steuerlichen Vorteilen gegenüber dem Eigenheim. Zwar müssen die Mieteinnahmen dem Finanzamt gemeldet werden, dafür können aber zum Beispiel Zinszahlungen oder auch die Kosten für Reparatur und Renovierung in voller Höhe abgesetzt werden. Beim Eigenheim ist das gar nicht oder nur sehr begrenzt möglich.

Geringere Investitionssumme. Das Objekt, das Sie suchen, muss nicht zu Ihnen und Ihren Bedürfnissen passen. Es muss „sich rechnen", wie die Immobilienprofis sagen. Es kann auch eine kleine Wohnung sein, die Sie mit geringem Kapitaleinsatz kaufen können. Damit mindern Sie das finanzielle Risiko, und es bleibt womöglich noch Luft für den Kauf einer weiteren Immobilie.

Hinsichtlich der Finanzierung gibt es keine großen Unterschiede zum Eigenheim. Auch hier sollten Sie darauf achten, dass alles fair und gerecht ist. Je nachdem, welche Pläne Sie haben und wie die finanzielle Situation ist, können auch noch weitere Überlegung sinnvoll sein. Wenn Sie planen, mehrere Immobilien zu erwerben, könnten Sie erwägen, den Besitz aufzuteilen – jedem gehört eine Immobilie. Das sorgt nicht nur für eine gerechte Verteilung des Besitzes, sondern bietet auch steuerliche

Optionen. Denn dann kann der eine die Immobilie an den anderen weiterverkaufen. So lassen sich zum einen Abschreibungen für das Objekt aufs Neue geltend machen und zum anderen bei entsprechender Haltedauer Wertsteigerungen steuerfrei realisieren.

Am Ende geht es darum, dass Sie gemeinsam die richtige Entscheidung treffen aus einer Mischung aus ökonomischen Argumenten und Fragen des Lebensstils (siehe Seite 50). Nehmen Sie sich Zeit, und gehen Sie auf alle möglichen Bedenken ein. Neben Kindern ist der Immobilienkauf wohl die größte Entscheidung, die im Laufe einer Beziehung getroffen wird.

Resümee

Das Zusammenleben mit dem Partner – vielleicht sogar im eigenen Haus – ist schön, bringt aber auch viele Herausforderungen mit sich. Lesen Sie hier die wichtigsten Punkte, auf die es zu achten gilt.

Das Zusammenziehen in eine gemeinsame Wohnung ist ein wichtiger Schritt in einer Beziehung. Informieren Sie den Vermieter, wenn Sie bei Ihrem Partner oder Ihrer Partnerin einziehen, um unnötigen Ärger zu vermeiden. Den Einzug verbieten darf er in aller Regel nicht. Überlegen Sie, ob Sie mit in den Mietvertrag aufgenommen werden wollen. Das sorgt für zusätzliche Sicherheit, Aber Sie tragen dann auch Verantwortung.

Gehört Ihrem Partner die Wohnung, reden Sie offen darüber, ob und wie Sie sich an den Kosten beteiligen. Immerhin hat Ihr Partner wahrscheinlich einen Immobilienkredit abzubezahlen, Sie aber sparen sich die Miete, wenn Sie aus Ihrer Mietwohnung zu ihm ziehen.

Beim Umzug gilt es, an vieles zu denken. Auf der einen Seite heißt es packen und die alte Wohnung fertig für die Übergabe machen. Auf der anderen Seite ist auch viel Papierkram zu erledigen. Die Checklisten auf test.de/umzug (kostenpflichtig) helfen, den Überblick zu bewahren.

Schauen Sie Ihre Verträge und Versicherungen durch, und prüfen Sie Sparpotenziale. Bei der Haftpflichtversicherung und anderen Versicherungen können Sie womöglich von einem Partnertarif profitieren. Manche Versicherungen wie die Hausratversicherungen brauchen Sie auch nicht mehr, wenn aus zwei Wohnungen eine wird.

Der Bau oder Kauf eines Hauses zur Eigennutzung will gut überlegt sein. Die nervlichen und finanziellen Belastungen können erheblich sein, und im Trennungsfall kann das Zuhause leicht zu erbittertem Streit führen. Eine gemeinsame Investition in eine Immobilie als Kapitalanlage hat nicht nur steuerliche und andere Vorteile, sondern bietet in der Regel auch weniger Konfliktpotenzial.

Ob zur Selbstnutzung oder als Kapitalanlage: Die Besitzverhältnisse im Grundbuch bieten sich an, um unterschiedlich hohen Beiträgen zum Eigenkapitel Ausdruck zu verleihen. Aber es gibt zum Beispiel über die Tilgungsrate auch andere Möglichkeiten des Ausgleichs, wenn nicht einem Partner die Immobilie „mehr" gehören soll.

04

Ehe und die Folgen

Heiraten – lohnt sich das überhaupt?

Eine Eheschließung ist nicht nur eine Verbindung zweier Menschen, sondern auch eine Verschmelzung von Vermögen. Das hat Vorteile, birgt aber auch Risiken, die sich jedoch austarieren lassen.

Die Frage, mit der dieses Kapitel überschrieben ist, ist zugegebenermaßen etwas provokant: Lohnt es sich, zu heiraten? Schließlich soll es beim Heiraten um Liebe und das gemeinsame Glück und nicht um eine positive Kosten-Nutzen-Rechnung gehen. Ja, das stimmt. Und dennoch ist es sinnvoll, auch einmal die ökonomische Seite des „Bundes fürs Leben" zu betrachten. Schließlich sollte man wissen, worauf man sich mit dem Jawort einlässt. Die Ehe lässt sich auf einer abstrakten Ebene auch als Bekenntnis zweier Menschen beschreiben, dauerhaft füreinander da zu sein. Finanzielle und materielle Aspekte spielen da auch eine Rolle.

Der Blick auf die Zahlen zeigt, dass es keine wachsenden Zweifel am Sinn einer Ehe gibt. Die Zahl der Eheschließungen schwankt seit Jahren zwischen 370 000 und 400 000 pro Jahr. Einen deutlichen Anstieg auf 440 000 gab es im Jahr 2018, als erstmals gleichgeschlechtliche Ehen in der Übersicht des Statistischen Bundesamtes erfasst wurden. Danach pendelte sich die Zahl in etwa auf dem alten Niveau ein.

Finanziell betrachtet machen diese Paare keinen Fehler. Denn eine Ehe bringt handfeste finanzielle Vorteile mit sich. Allerdings – um es vor der Detailbetrachtung schon mal vorwegzunehmen – entfalten sich diese Vorteile vor allem in der langfristigen Perspektive, weniger in der kurzfristigen. „Der Staat fördert das Heiraten, weil zwei Menschen bereit sind, dauerhaft füreinander einzustehen. Und weil das so ist, sind die bestehenden Regeln auf diesen Fall hin konzipiert. Deshalb eignet sich eine Ehe faktisch eher dazu das (gemeinsame) Vermögen zu erhalten oder sogar zu retten", schreibt der Steuerberater Johann C. Köber in einem seiner Bücher.

Aber welche finanziellen Vorteile bringt nun eine Ehe? Hier lassen sich vor allem drei große Bereiche nennen: Vorteile bei der Einkommensteuer, beim Vererben/Verschenken und beim Hinterbliebenenschutz.

Steuerliche Vorteile

An die steuerlichen Vorteile dürften die meisten Paare im Zusammenhang mit einer Ehe denken. Es gibt sie, aber wie groß sie ausfallen, ist sehr individuell. Die Höhe der Steuerlast bemisst sich viel eher an der Höhe der Gehälter und der Einkunftsart wie Vermietung oder Kapitalerträge als am Familienstand. Dazu kommt als weiterer wichtiger Faktor die Vermögensstruktur, ob man also zum Beispiel Familienstiftungen oder vermögensverwaltende GmbHs nutzt.

Die steuerlichen Vorteile entstehen vor allem durch das sogenannte Ehegattensplitting. Diese Regelung besteht schon seit dem Jahr 1958. Der Leitgedanke dabei war, dass die Eheleute „eine Gemeinschaft des Erwerbs und des Verbrauchs" bilden, wie es in dem Gesetzentwurf damals hieß. Außerdem sollte die „Aufgabe der Ehefrau als Hausfrau und Mutter" anerkannt werden. Denn der Fall, dass eine Frau kein oder nur ein geringes Einkommen hat, wurde durch die Einführung des Splittingverfahrens mit dem Fall gleichgestellt, dass beide verdienen.

Durch die Zusammenveranlagung bei der Einkommensteuer haben Ehepaare die Möglichkeit, das Ehegattensplittung zu nutzen – das gilt genauso für eingetragene Lebenspartnerschaften. Das heißt, sie geben eine gemeinsame Einkommenssteuererklärung ab. In diesen Fällen gilt der sogenannte Splittingtarif und dieses Ehegattensplitting kann – muss aber nicht – gegenüber der Einzelveranlagung erhebliche Steuervorteile bringen.

Die Berechnung nach dem Splittingverfahren funktioniert vereinfacht gesagt so:

Schritt 1: Das Finanzamt rechnet die Einkommen des Paares zusammen. Steuerlich gesehen gibt es also nicht mehr zwei Personen, sondern nur noch eine Person.

Schritt 2: Die Summe aller Einkommen wird halbiert und die fällige Einkommenssteuer wird für eine Hälfte berechnet.

Schritt 3: Die so ermittelte Einkommenssteuer wird verdoppelt, und die Summe ist der Betrag, den das Paar an Einkommenssteuer zahlen muss.

Der Steuervorteil ergibt sich durch den progressiven Einkommenssteuertarif, also vereinfacht ausgedrückt dadurch, dass der Steuersatz mit der Höhe des zu versteuernden Einkommens steigt. Das heißt als Faustregel, dass der finanzielle Vorteil umso größer ist, je größer die

Differenz zwischen den beiden Einkommen. Denn das höhere Einkommen profitiert dann von einem geringeren Steuersatz. Verdienen hingegen beide gleich viel, geht der Vorteil gegen null, wie die folgenden Beispielrechnungen für drei unterschiedliche Ehepaare zeigen:

Großer Einkommensunterschied. Clara arbeitet in Teilzeit und kommt auf ein zu versteuerndes Jahreseinkommen von 20 000 Euro, ihr Mann Martin arbeitet Vollzeit. Sein zu versteuerndes Jahreseinkommen liegt bei 80 000 Euro. Als Single müsste Clara insgesamt 1 759 Euro Steuern, inklusive Solidaritätszuschlag zahlen. Bei Martin würde die Summe rund 23 576 Euro betragen. Das wären zusammen also 25 335 Euro. Als Ehepaar profitieren sie hingegen vom Splittingtarif und kommen auf 21 812 Euro, die sie an den Staat abführen müssen. Die Ersparnis beträgt also 3 523 Euro.

Der hohe Splittingvorteil im Falle von stark unterschiedlichen Einkommen eröffnet verschiedene Gestaltungsmöglichkeiten. Verdient der eine Partner nichts oder nur sehr wenig, können die gesparten Steuern Basis für eine zusätzliche Unterstützung sein, so wie in folgendem Beispiel: Frank verdient sehr gut. Sein zu versteuerndes Jahreseinkommen beträgt 120 000 Euro. Seine Frau Silvia geht keiner bezahlten Arbeit nach. Sie kümmert sich um die Erziehung der Kinder und hat deswegen kein eigenes Geld zur freien Verfügung. Die beiden haben sich darauf geeinigt, dass Silvia die Steuerersparnis aus dem Ehegattensplittung zur Verfügung hat. Umgerechnet sind das rund 1 052 Euro im Monat.

Kleiner Einkommensunterschied. Simon und Mark arbeiten beide in Vollzeit. Beim zu versteuernden Jahreseinkommen liegen sie nicht weit auseinander. Bei Simon sind es 30 000 Euro, bei Mark 40 000 Euro. Mit dem Splittingtarif zahlen sie 11 850 Euro Steuern, inklusive Solidaritätszuschlag. Wären sie unverheiratet, läge die Summe bei insgesamt 11 941 Euro. Die Differenz ist also sehr gering.

Kein Einkommensunterschied. Das zu versteuernde Einkommen von Thorsten und Tanja beträgt jeweils 40 000 Euro. Sie sparen deswegen keine Steuern durch das Ehegattensplitting. Wenn sie sich getrennt veranlagen lassen, zahlt jeder 7 495 Euro an Steuern, inklusive Solidaritätszuschlag. Bei einer gemeinsamen Veranlagung ist es das Doppelte, als 14 990 Euro.

Die Ehedauer ist nicht entscheidend, um von der Zusammenveranlagung und dem Splittingtarif zu profitieren. Auch wenn Sie am 31. Dezember heiraten, können Sie den Vorteil der Zusammenveranlagung für das gesamte zu Ende gehende Steuerjahr nutzen. Andererseits reicht der bloße Fakt, verheiratet zu sein, nicht aus, um von der Regelung zu profitieren. Wer ein gesamtes Jahr getrennt lebt, muss sich zwingend einzeln veranlagen lassen – auch wenn die Ehe noch nicht geschieden ist.

IRGENDWANN IST SCHLUSS. Der Vorteil des Ehegattensplittings ist begrenzt. Wenn das Einkommen vereinfacht gesagt so hoch ist, dass sich selbst bei einer Halbierung der Steuertarif nicht ändert, bringt die steuerliche Regelung auch keinen richtigen Vorteil mehr. So greift der Spitzensteuersatz von 42 Prozent ab einem zu versteuernden Einkommen von rund 63 000 Euro. Ab einem gemeinsamen Einkommen der Eheleute von rund 126 000 Euro ändert der Splittingtarif somit praktisch kaum noch etwas.

Es wäre ein Irrtum zu glauben, dass die Zusammenveranlagung in jedem Fall der beste Weg ist, frei nach dem Motto: Es bringt vielleicht nicht immer was, aber schaden tut es auch nicht. Denn es gibt eine Reihe von Fällen, in denen die Einzelveranlagung günstiger sein kann, die Ehepartner also steuerlich nicht gemeinsam, sondern getrennt betrachtet werden. Das ist immer dann der Fall, wenn beispielsweise folgende Zahlungen geflossen sind: Abfindungen nach Jobverlust, Einkünfte aus Arbeit im Ausland und der große Bereich der Lohnersatzleistungen wie Arbeitslosengeld oder Kurzarbeiter-, Mutterschafts-, Eltern- oder Krankengeld. Diese Leistungen sind zwar steuerfrei, unterliegen aber dem sogenannten Progressionsvorbehalt. Das bedeutet: Der Steuersatz für das restliche Einkommen steigt aufgrund dieser Leistungen an, da das Finanzamt die Leistungen fiktiv dem Einkommen hinzurechnet und aus dieser Summe dann den Steuersatz ermittelt.

Beispiel: Ein Ehepaar kommt gemeinsam auf ein zu versteuerndes Jahreseinkommen von 70 000 Euro. Die steuerliche Belastung, inklusive Solidaritätszuschlag, liegt bei 11 850 Euro. Im gleichen Jahr flossen zusätzlich 10 000 Euro Elterngeld, die dem Progressionsvorbehalt unterliegen. Dadurch kommt es zu einer Steuermehrbelastung von 1266 Euro. Die Einkommenssteuer steigt auf 13 116 Euro. Zum Vergleich: Würde das reguläre Einkommen um 10 000 Euro steigen, läge die Einkommenssteuer bei 14 990 Euro.

Bei einer Einzelveranlagung kann der Nachteil kleiner ausfallen. Denn dann erhöht sich durch das Elterngeld nur der Einkommenssteuersatz des Partners, der die Leistungen bezogen hat. Das Einkommen des anderen bleibt außen vor. Allerdings sollten Sie mithilfe eines Steuerprogramms prüfen, ob die Einzelveranlagung tatsächlich günstiger ist.

MEINS IST AUCH DEINS. Ein weiterer steuerlicher Vorteil ergibt sich beim Sparerpauschbetrag: Ehepartner verfügen zusammen über einen Freibetrag in Höhe von 2000 Euro. Das ist rechnerisch nicht mehr als vorher, denn vor dem Gang zum Standesamt konnte sich jeder einen steuerfreien Kapitalertrag in Höhe von 1000 Euro anrechnen lassen. Der Unterschied ist jedoch: Ein Partner kann die Freibeträge des anderen aufbrauchen, wenn dieser sie nicht selber ausschöpft. Das kann für Ersparnisse bei der Abgeltungssteuer sorgen.

Die richtige Steuerklasse wählen

Gestaltungsmöglichkeiten bieten – zumindest noch (siehe S. 63) – die Steuerklassen. Sechs Steuerklassen gibt es. Unverheiratete gehören entweder der Steuerklasse 1 an oder der Steuerklasse 2, wenn sie alleinerziehend sind und mindestens ein Kind haben. Wenn weitere Arbeitsverhältnisse bestehen, kann noch die Steuerklasse 6 hinzukommen.

Für Verheiratete sind die Klassen 3, 4 und 5 vorgesehen. Das Finanzamt stuft frisch Verheiratete nach der Hochzeit zunächst beide in Steuerklasse 4 ein. Auf Antrag sind aber auch andere Kombinationen möglich, nämlich 3/5 sowie die Kombination 4/4 mit Faktor. Die Bedeutung der Wahl wird oft überschätzt. Denn anders als vielfach gedacht, geht es dabei nicht darum, Steuern zu sparen. Die Steuerklasse ist zwar für die Berechnung der Lohnsteuer wichtig. Deren Höhe hängt – neben der Höhe des Einkommens – auch von der Steuerklasse ab. Der Steuerabzug vom Lohn hat aber nur bedingt etwas mit der tatsächlichen Steuerschuld zu tun. Diese ergibt sich erst am Ende des Jahres aus der Steuererklärung, wo es dann zu Nachzahlungen oder Rückerstattungen kommt.

Die Beschäftigung mit den Steuerklassen kann sich nach der Hochzeit lohnen: Bei entsprechenden Rahmenbedingungen sorgt die richtige Kombination für mehr Geld am Monatsende und damit eine bessere Liquidität. Der Staat gewährt gewissermaßen einen „zinslosen Kredit".

Welche Steuerklasse ist die richtige?

Die Wahl der richtigen Steuerklasse kann die Liquidität unterm Jahr verbessern. Bei der Steuererklärung werden die unterschiedlichen Abzüge bei den Einkommen wieder ausgeglichen. Auch wenn sie nicht abrechnen müssen, sollten Paare die Steuererklärung machen, um Geld zurückzuholen.

So arbeitet das Paar	Lohnt der Steuerklassenwechsel?	Was ist zu beachten?
Beide arbeiten: Verdienst unterschiedlich 	Häufig ja. III – V IV +Faktor – IV +Faktor	**Klassen III/V:** So sichert sich das Paar monatlich möglichst viel Netto. **Steuererklärung** ist Pflicht. **Achtung:** Häufig verlangt das Finanzamt eine Nachzahlung. **Klassen IV + Faktor für beide:** Lohnsteuerabzüge durch die Arbeitgeber sind sehr genau. **Steuererklärung** ist Pflicht. **Achtung:** Ändert sich das Einkommen, passen die Faktoren nicht mehr.
Beide arbeiten: Verdienst etwa gleich 	Nein, kein Wechsel. IV – IV	**Klassen IV/IV:** Beide zahlen für ihren Verdienst ungefähr passend Lohnsteuer. **Steuererklärung:** Keine Pflicht nur aufgrund der Steuerklassenkombination.
Beide arbeiten: Lohnersatz erwartet. 	Häufig ja. V – III IV +Faktor – IV +Faktor	**Klassen III/V, V/III oder IV + Faktor:** Der höchste Lohnersatz ist drin, wenn der Empfänger vorher Klasse III hatte. Das kann auch der Partner mit weniger Einkommen sein. **Steuererklärung** ist Pflicht. **Achtung:** Durch den Wechsel kann das Monatsnetto zunächst deutlich niedriger ausfallen, die Steuererklärung bringt aber Geld zurück.
Ein Allein-/Hauptverdiener 	Ja, in Klasse ... III – V	**Klasse III für den Hauptverdiener:** Das Paar profitiert schon im Laufe des Jahres voll vom Ehegattensplitting, wenn der andere Partner nicht arbeitet oder einen Minijob hat. **Steuererklärung:** ist eventuell Pflicht, z. B. wenn doch Verdienst in Klasse V anfällt oder bei Zahlung von Lohnersatz.

Paare mit einem ungefähr gleich hohen Einkommen sind zwar in den automatisch zugewiesenen Steuerklassen 4 gut aufgehoben. Unterscheiden sich beide Einkommen aber stark, führt die Steuerklassenkombination 4/4 bei Paaren häufig dazu, dass insgesamt zu viel Lohnsteuer einbehalten wird. Für Eheleute ist in diesem Fall die Kombination 3/5 eine Option. Ein Wechsel der Steuerklassen ist bis zum 30. November mit einem Antrag beim Finanzamt möglich. Wer besser verdient, wählt dabei die Steuerklasse 3 und erhält dann sämtliche Freibeträge wie zum Beispiel den Grundfreibetrag für beide. Entsprechend geringer fällt die Lohnsteuer aus. Wer weniger verdient, bekommt in diesem Fall automatisch die Steuerklasse 5 zugewiesen. Es bleibt dann entsprechend wenig vom Bruttoverdienst übrig, weil keine Freibeträge mehr angerechnet werden. In Summe bleibt aber am Ende mehr Geld übrig.

FAUSTREGEL. Die Kombination 3/5 zahlt sich aus, wenn einer von beiden mehr als 60 Prozent der Gesamteinkünfte verdient und Steuerklasse 3 wählt.

Beispiel: Hanna und Lena sind verheiratet. Hanna verdient im Jahr 50 000 Euro (zu versteuerndes Einkommen). Lena kommt auf 20 000 Euro. In der Kombination 4/4 beträgt die Lohnsteuer insgesamt 8 486 Euro. Wechselt Hanna dagegen in Steuerklasse 3 und Lena in 5, summiert sich die Lohnsteuer auf 6 646 Euro. Heruntergerechnet auf den Monat haben die beiden also rund 153 Euro mehr zur Verfügung (Zahlen für 2023).

Die Wahl der Kombination 3/5 hat aber auch Nachteile. Denn sie führt oft dazu, dass bei der Jahresabrechnung Steuern nachgezahlt werden müssen. Schließlich zahlt man mit Steuerklasse 3 unterm Jahr zu wenig Lohnsteuer, mit Steuerklasse 5 zu viel. Unterm Strich entsteht aber wegen der Gehaltsunterschiede eine Steuerschuld. Im Beispiel von Hanna und Lena sind es 1238 Euro an Einkommensteuer, die zu wenig gezahlt wurden. Der andere Nachteil ist, dass sich Lohnersatzleistungen am Nettoeinkommen bemessen. Dazu gehört auch das Elterngeld. Im Falle eines Kinderwunsches kann es daher eine Überlegung sein, dass derjenige, der überwiegend Elterngeld beziehen soll, rechtzeitig in Steuerklasse 3 wechselt (siehe auch „Familienplanung", ab S. 89).

Wegen der drohenden Nachzahlungen und der Schlechterstellung bei den Lohnersatzleistungen kann bei Paaren mit stark unterschiedlichen Gehältern das Faktorverfahren eine Alternative zur Kombination 3/5 sein. Jeder Partner profitiert dann zum Beispiel vom eigenen Grundfreibetrag. Zweiter Vorteil: Der Steuervorteil, der sich aus dem Ehegattensplitting ergibt, wird beim Faktorverfahren so auf beide verteilt, wie es ihren jeweiligen Anteilen am Gesamteinkommen entspricht. Den entsprechenden Faktor berechnet das Finanzamt auf Basis der jeweiligen Einkünfte. Zwar ist dann die monatliche Belastung etwas höher als in der Kombination 3/5. Dafür entsprechen die monatlichen Abzüge besser der tatsächlichen Steuerschuld. Eine Einkommenssteuererklärung ist aber auch bei diesem Verfahren Pflicht.

Neben dem Vorteil, dass sich eine Nachzahlung wie bei der Kombination 3/5 vermeiden lässt, gibt es noch einen weiteren: Das Faktorverfahren vermindert die Ungleichheit zwischen den Partnern. Es verhindert, dass der eine unterm Jahr steuerlich auf Kosten des anderen bessergestellt ist und ein relativ höheres Nettoeinkommen hat. Damit sinkt auch die Wahrscheinlichkeit für Diskussionen, wenn es um die Steuernachzahlung geht. Das Verfahren verhindert also, dass es zu Interessenskonflikten kommt. Auf der Seite 61 sehen Sie in einer Übersicht, wann welche Steuerklasse sinnvoll ist.

REFORM DER STEUERKLASSEN. Eine große Veränderung steht bei den Steuerklassen für Verheiratete an: Ab dem Jahr 2030 soll die Kombination 3/5 nicht mehr möglich sein. Stattdessen soll künftig für verheiratete Paare die Steuerklasse 4 mit Faktor gelten. Damit entfällt der unterjährige Liquiditätsvorteil und auch auch das Elterngeld lässt sich dann nicht mehr durch eine geschickte Steuerklassen-Wahl optimieren.

Vererben und Schenken

Neben den steuerlichen Vorteilen ergeben sich für verheiratete Paare und eingetragene Lebenspartnerschaften auch Vorteile beim Erben und Verschenken. Und diese Vorteile können gewaltig sein: „Ob ein Paar zum Todeszeitpunkt eines Partners verheiratet ist oder nicht, kann über Reichtum oder Offenbarungseid des anderen entscheiden", um noch einmal den Steuerexperten Johann C. Köber zu zitieren.

Hintergrund dieser Aussage ist, dass mit der Hochzeit die Freibeträge erheblich ansteigen: Er liegt bei Verheirateten für den Überlebenden bei 500 000 Euro. Das Eigenheim kann oft völlig steuerfrei vererbt werden. Ohne Vermählung gilt hingegen nur der allgemeine Freibetrag für Fremde. Das sind gerade einmal 20 000 Euro.

Es spielt keine Rolle, ob man schon seit Jahrzehnten ein Paar war und gemeinsam Kinder hat. Entscheidend ist der Trauschein. Es interessiert den Fiskus auch nicht, wie lange die Ehe bestand. Auch wenn das Jawort erst kurz vor dem Tod erfolgt, gilt die großzügige Regelung für den Freibetrag. Dazu kommen die Unterschiede beim Erbschaftssteuersatz. Unverheiratete Paare fallen in Steuerklasse III. Der Steuersatz beginnt hier bei 30 Prozent und steigt je nach Höhe der Erbschaft auf bis zu 50 Prozent. Verheiratete werden dagegen in Steuerklasse I eingeordnet. Hier geht der Steuersatz bei 7 Prozent los und steigt bis auf 30 Prozent.

Eine Beispielrechnung zeigt, wie teuer der fehlende Trauschein den hinterbliebenen Partner zu stehen kommen kann: Michael hinterlässt seiner Lebensgefährtin Heike die Summe von eine Million Euro. Abzüglich des Freibetrags von 20000 Euro muss Heike 980000 Euro versteuern. Der Steuersatz liegt bei 30 Prozent. Es wird also eine Erbschaftssteuer in Höhe von 294000 Euro fällig. Frank hinterlässt Susanne ebenfalls eine Million Euro. Die beiden sind aber verheiratet. Susanne profitiert also von einem Freibetrag in Höhe von 500000 Euro. Es bleiben damit 500000 Euro übrig, auf die die Erbschaftssteuer zum Satz von 15 Prozent fällig wird. Susanne muss also 75000 Euro zahlen. Das heißt, Heike zahlt 219000 Euro mehr Erbschaftssteuer nur deshalb, weil die beiden nicht geheiratet haben.

Die gleichen Regelungen gelten bei Schenkungen. Auch hier profitieren Verheiratete von einem Freibetrag in Höhe von 500000 Euro und günstigeren Steuersätzen. Unverheiratete können nur 20000 Euro steuerfrei erhalten. Mehr zum Thema Vererben und Testament erfahren Sie im Kapitel „Gemeinsam alt werden", ab S. 132.

Vorteile beim Hinterbliebenenschutz

Der dritte Punkt, wo die Ehe Vorteile bringt, dreht sich ebenfalls um den Todesfall. Es geht um die Absicherung des hinterbliebenen Ehepartners. Hier hilft der Staat nicht nur, wie eben beschrieben, mit hohen Freibeträgen dabei, das gemeinsame Vermögen zu erhalten.

Eine weitere Unterstützung stellt die Witwen-/Witwerrente dar. Sie sorgt dafür, dass die Rentenansprüche des Verstorbenen mit dem Tod nicht vollkommen erlöschen. Sie kommen stattdessen dem überlebenden Ehepartner zumindest in Teilen zugute, wenn einige Voraussetzungen erfüllt sind. Dazu gehören, dass die Ehe länger als ein Jahr bestanden hat, wobei es hierbei auch Ausnahmen gibt, und der Hinterbliebene nicht wieder heiratet. Zwei Arten gilt es zu unterscheiden: die große und die kleine Witwen-/Witwerrente. Welche gezahlt wird, hängt vom Alter

Finanzvorteile einer Ehe

Steuern sparen mit dem Ehegattensplitting: Je größer die Einkommensunterschiede zwischen den Eheleuten, desto größer sind die Steuervorteile durch den Splittingtarif. Unterscheiden sich die Einkommen jedoch kaum, ändert sich durch die Hochzeit steuerlich praktisch nichts.

Einkommen[1] Partner 1 (in Euro)	Einkommen[1] Partner 2 (in Euro)	Splittingvorteil[2] (= Steuerersparnis im Vergleich zu Unverheirateten in Euro)
80 000	20 000	3 523
30 000	40 000	91
30 000	50 000	362
40 000	40 000	0

[1] zu versteuerndes Einkommen, [2] inkl. Solidaritätszuschlag, Steuerrechner auf test.de (Stand 2024)

Günstigere Regeln bei Erbschaft und Schenkung: Eheleute werden – genauso wie eingetragene Lebenspartner und Kinder – bei Erbschaften und Schenkungen in Steuerklasse I eingruppiert. Unverheiratete zahlen dagegen die höheren Steuersätze der Steuerklasse III. Für Geschwister ist Steuerklasse II vorgesehen. Zusätzlich profitieren Ehepartner von einem höheren Freibetrag.

Steuerpflichtiges Erbe/Geschenk bis … (in Euro)	Steuern in Steuerklasse … (in Prozent)		
	I	II	III
75 000	7	15	30
300 000	11	20	30
600 000	15	25	30
6 000 000	19	30	30
13 000 000	23	35	50
26 000 000	27	40	50
Über 26 000 000	30	43	50
Freibetrag (in Euro)	500 000	20 000	20 000

Absicherung des hinterbliebenen Ehepartners

Die Witwen-/Witwerrente sichert Ehepartner zumindest etwas ab, wenn einer stirbt. Es gibt die Rente in zwei unterschiedlichen Formen – je nach Alter des Hinterbliebenen zum Todeszeitpunkt. Die Leistungen der großen Witwen-/Witwerrente fallen höher aus und werden länger gezahlt als die der kleinen. Maßgeblich für die Rente sind die Ansprüche, die die verstorbene Person bis zum Todeszeitpunkt gesammelt hat.

	kleine Witwen-/ Witwerrente	große Witwen-/ Witwerrente
Altersgrenze[1]	jünger als 46 Jahre	ab 46 Jahre oder Kinder unter 18 Jahre mit dem bzw. der Verstorbenen
Höhe	25 Prozent der Rente des verstorbenen Ehepartners	55 Prozent der Rente des verstorbenen Ehepartners
Bezugsdauer	höchstens zwei Jahre (bzw. bis zu einer neuen Eheschließung)	ein Leben lang (bzw. bis zu einer neuen Eheschließung)
Kinderzuschlag[2]	erstes Kind: 34,18 Euro jedes weitere Kind: 17,09 Euro	erstes Kind: 75,19 Euro jedes weitere Kind: 37,60 Euro

[1] Grenze steigt bis 2029 auf 47 Jahre, [2] bei Kindererziehung bis zum vollendeten 3. Lebensjahr, Quelle: DRV (Stand: 2023)

»

Die allermeisten Hinterbliebenen beziehen direkt eine große Witwenrente.

«

60 %

der Rente des Verstorbenen beträgt die große Witwen- oder Witwerrente.

55 %

plus Kinderzuschläge sind es bei jüngeren Ehen.

des überlebenden Partners ab. Im Jahr 2023 lag die Grenze bei 46 Jahren. Wer zum Todeszeitpunkt älter als 46 war, erhält die große, wer jünger war, die kleine Witwen-/Witwerrente. Die Altersgrenze steigt jedes Jahr im Zuge der allgemeinen Anhebung des Rentenalters um zwei Monate an, bis sie im Jahr 2029 bei 47 Jahren liegen wird. Aber auch das Alter der Kinder spielt eine Rolle: Gibt es ein oder mehrere gemeinsame Kinder unter 18 Jahren, erhält der Überlebende ebenfalls die große Witwen-/ Witwerrente, selbst wenn die Altersgrenze nicht erreicht ist. Das gilt aber nur so lange, bis alle Kinder volljährig ist.

Der Vorteil der großen Witwen-/Witwerrente: Sie enthält mehr Leistungen. Der überlebende Partner bekommt hier grundsätzlich 55 Prozent der Rente, die der Verstorbene zum Todeszeitpunkt erhalten hätte, und zwar zeitlich unbegrenzt – vom eben beschriebenen Fall der Kindererziehung einmal abgesehen. Basis für die Berechnung der Rentenhöhe ist die volle Erwerbsminderungsrente beziehungsweise die Altersrente zum Todeszeitpunkt. Bei der kleinen Witwen-/Witwerrente sind es nur 25 Prozent der Summe für maximal zwei Jahre. Die Rente wird in beiden Fällen jedoch gemindert, wenn das sonstige Einkommen einen gewissen Freibetrag überschreitet. Ausgenommen sind die ersten drei Monate nach dem Tod. In diesem sogenannten „Sterbevierteljahr" fließt die volle Rente, die auch nicht gemindert wird. Zwei Beispiele:

Kleine Witwen-/Witwerrente. Martina ist 42 Jahre alt, als ihr Mann Manuel mit 43 Jahren überraschend stirbt. Das Paar ist kinderlos. Manuel zahlt bereits seit vielen Jahren in die Rentenversicherung ein. Martina hat daher Anspruch auf eine kleine Witwenrente. Ihrem Mann hätte zum Zeitpunkt seines Todes eine Rente wegen voller Erwerbsminderung in Höhe von monatlich 1200 Euro zugestanden. Die Höhe der kleinen Witwenrente beträgt 25 Prozent, Martina erhält also 300 Euro. Weil ihr Einkommen den Freibetrag etwas übersteigt, reduziert sich die Summe noch um 25 Euro. Die ersten drei Monate, im „Sterbevierteljahr", erhält sie aber Manuels volle Rente in Höhe von 1200 Euro. Die Unterstützung durch die kleine Witwen-/Witwerrente ist auf zwei Jahre begrenzt. Die Zahlung beginnt aber bereits mit dem Todestag, weil Manuel noch keine Rente erhielt. Sonst würde sie im Folgemonat starten.

Große Witwen-/Witwerrente. Im Alter von 72 Jahren wird Helmut zum Witwer: Seine zwei Jahre jüngere Frau Marion stirbt. Sie bezog eine Altersrente in Höhe von 900 Euro. Helmut erfüllt die Voraussetzungen für die große Witwerrente. Er erhält damit 55 Prozent von Marions Rente, also monatlich 495 Euro. Davon gehen 15 Euro ab, weil Helmuts sonstige Einkünfte den Freibetrag übersteigen. Im „Sterbevierteljahr" bekommt Helmut Marions volle Rente, also 900 Euro.

Geschiedene haben keinen Anspruch auf diese Art der Hinterbliebenenversorgung, wenn der Ex-Partner stirbt, selbst dann nicht, wenn sie ledig bleiben. Die Regelung galt früher unter bestimmten Umständen einmal. Es gibt allerdings die sogenannte Erziehungsrente. Sie greift, wenn unverheiratet gebliebene Geschiedene ein Kind unter 18 Jahren erziehen und der geschiedene Ehepartner stirbt. Dabei spielt es keine Rolle, ob es ein eigenes Kind ist oder ein gemeinsames Kind mit dem Verstorbenen. Die Rente kommt allerdings nicht aus den Rentenansprüchen des Ex-Mannes, sondern leiten sich aus den eigenen Ansprüchen ab.

FOLGEN EINER NEUEN EHE. Als Sonderregelung gibt es die sogenannte „Rente nach dem vorletzten Ehegatten". Sie gilt, wenn eine Witwe oder ein Witwer noch einmal heiratet und die neue Ehe auch endet, zum Beispiel durch Scheidung oder Tod des neuen Partners. Grundsätzlich kommt es in solchen Fällen nicht zum Bezug mehrerer Hinterbliebenenrenten, da eine Anrechnung stattfindet, wenn die Voraussetzungen für zwei Renten erfüllt sind.

Zu den anteiligen Rentenansprüchen kommen sowohl bei der kleinen als auch bei der großen Witwen-/Witwerrente noch Kinderzuschläge. Sie sind gestaffelt: Die Zuschläge sind fürs erste Kind doppelt so hoch wie für die weiteren. Bei der kleinen Witwen-/Witwerrente beträgt er bis zu 34,18 Euro, bei der großen bis zu 75,19 Euro (Stand: Juli 2023). Die Leistungen der Rentenkasse greifen direkt: Der Empfänger muss nicht erst das Rentenalter erreichen. Einkommen und eigene Rente werden allerdings angerechnet, wobei es Freibeträge gibt.

Auch wenn es eine gute Nachricht ist, dass Sie im Fall eines Todes ihres Partners abgesichert sind, sollten Sie das Ausmaß nicht überschätzen. Unser Rentensystem ist so konzipiert, dass man jedes Jahr sogenannte Entgeltpunkte sammelt, die sich aus dem Verhältnis des eigenen Einkommens zum Durchschnittseinkommen ergeben. Die gesammelten Entgeltpunkte werden dann mit dem Rentenwert multipliziert. Das Ergebnis ist – unter Berücksichtigung einiger weiterer Faktoren – die Höhe der Rente. Das heißt, wenn Ihr verstorbener Partner bis zum Tod nur eine geringe Zahl an Entgeltpunkten auf dem Rentenkonto ansammeln konnte, fällt auch Ihre Witwen-/Witwerrente entsprechend klein aus, zumal sie ohnehin nur höchstens etwas mehr als die Hälfte der Rentenhöhe beträgt. Sie sollten sich also nicht auf diese Leistungen verlassen und noch über weitere Absicherungen für den Risikofall und die Altersvorsorge nachdenken (siehe „Gemeinsam alt werden", ab S. 114).

Es gibt also über die Liebe hinaus handfeste finanzielle Gründe, die für eine Ehe sprechen. Allerdings darf man auch die Geld-Risiken nicht ausblenden, die mit dem Jawort einhergehen.

Die Folgen einer Scheidung gestalten

Eine Scheidung stellt ein großes finanzielles Risiko dar. Allerdings lässt sich über einen Ehevertrag vieles regeln.

Auch wenn die Ehe ein Bund fürs Leben sein soll, so hält sie in vielen Fällen nicht so lange. Zwar wird nicht jede zweite Ehe wieder geschieden, wie oft zu hören ist. Das war um das Jahr 2000 der Fall. Die Zahl ist seitdem gesunken und bewegt sich seit einigen Jahren um die 35 Prozent. So kamen im Jahr 2022 auf 390000 Eheschließungen rund 137000 Scheidungen. Im Schnitt dauert es 15,1 Jahre von der Eheschließung bis zur Scheidung.

Die Folgen einer Scheidung können erheblich sein – nicht nur emotional. Eine Trennung ist das große finanzielle Risiko, dass man mit einer Ehe eingeht. Ein Risiko, das man allerdings über einen Ehevertrag deutlich senken kann. Dazu erfahren Sie gleich mehr.

Ohne einen Ehevertrag gilt das Prinzip der Zugewinngemeinschaft. Es besagt, dass beide Partner einen Anspruch auf das Vermögen haben, das während der Ehe entstanden ist. Es kommt also zum Ausgleich. Davon nicht betroffen ist das Vermögen, das mit in die Ehe gebracht wird.

Beispiel: Thorsten geht mit einem Vermögen in Höhe von 30000 Euro in die Ehe. Seine Frau Maike besitzt ein Vermögen in Höhe von 50000 Euro. Zum Zeitpunkt der Scheidung verfügt Thorsten über ein

Vermögen in Höhe von 100 000 Euro, Maike kommt auf 150 000 Euro. Der Anstieg bei Thorsten beträgt also 70 000 Euro, bei Maike sind es 100 000 Euro. Maikes Zugewinn ist 30 000 Euro höher. Thorsten stehen daher 15 000 Euro von Maike zu.

Vereinfacht gesagt wird bei der Zugewinngemeinschaft das Vermögen, das jeder Partner in die Ehe eingebracht hat, vom Vermögen zum Zeitpunkt der Scheidung abgezogen. Die Differenz wird durch zwei geteilt. Der reichere Partner muss dann dem ärmeren Partner einen Zugewinnausgleich zahlen. Ähnlich wie das Vermögen werden im Scheidungsfall beim Versorgungsausgleich auch die Rentenansprüche und ähnliche Anwartschaften auf eine Altersvorsorge aufgeteilt.

WEM GEHÖRT WAS? Es kann ratsam sein, vor dem Gang zum Standesamt eine Inventur zu machen. Klären Sie, wer welche Vermögenswerte zum Zeitpunkt der Heirat hat. Das hilft Ihnen zum einen dabei, sich darüber klar zu werden, wo Sie gerade finanziell stehen (und was noch fehlt, um die Ziele zu erreichen). Aber vor allem können Sie sich viel Ärger ersparen, wenn im Falle einer Trennung der Besitz aufgeteilt werden muss.

Bedenken Sie: Der Zugewinnausgleich kann in einigen Fällen weitreichende Konsequenzen haben. Zuvor haben Sie bereits gelesen, dass es zum Beispiel zum Verkauf des Eigenheims kommen kann, wenn nicht genügend Geld für die Auszahlung des Partners vorhanden ist. Ähnliches kann passieren, wenn während der Ehe eine erfolgreiche Firmengründung stattgefunden hat. Eine Scheidung kann dann die Zukunft der Firma gefährden. Auch im Kleinen kann es problematisch sein. Denn in den Zugewinnausgleich fließt nicht mit ein, wer was bezahlt hat und auch nicht, wer welchen Anteil übernommen hat. Zwei Beispiele:

Sascha hat sich von seinem Geld eine teure Uhr gekauft. Bei einer Scheidung darf er die Uhr behalten. Da er aber die Uhr nach der Heirat gekauft hat, ist der gesamte Wert der Uhr Zugewinn.

Tina arbeitet im Management einer großen Firma und verdient gut. Das Gehalt ihres Mannes Erik ist deutlich niedriger. Sie steuert deswegen mehr bei, wenn es um Anschaffungen geht. Tina trägt zwei Drittel der Kosten, Erik ein Drittel. Bei der Scheidung wird aber alles zu gleichen Teilen aufgeteilt.

Neben der Frage des Zugewinnausgleichs geht es bei einer Scheidung auch um die Frage des Unterhalts. Hier sind allerdings die finanziellen Folgen aus einer Heirat nicht mehr ganz so weitreichend, wie sie es einmal waren, denn im Jahre 2008 wurde das Unterhaltsrecht reformiert. Das Unterhaltsrecht geht jetzt vom Grundsatz der Eigenverantwortlichkeit aus. Das heißt, jahrelange Unterhaltszahlungen des einen an den anderen Partner gibt es nicht mehr. Die Zahlung von Unterhalt ist eher die Ausnahme, nicht die Regel. Ob man sich als Paar oder als Ehepaar trennt, macht deshalb in dieser Hinsicht häufig keinen Unterschied.

In manchen Fällen sieht das Gesetz jedoch noch Zahlungen vor, beispielsweise dann, wenn ein Partner deutlich weniger verdient als der andere. Zur Erhaltung des Lebensstandards kann ein Aufstockungsunterhalt beansprucht werden. Der sogenannte Betreuungsunterhalt ist eine weitere Ausnahme: Er sieht vor, dass dem Partner, der die Kinder übernimmt, bis zu deren drittem Lebensjahr Unterhalt zusteht. Danach enden allerdings die Zahlungen, weil der Gesetzgeber davon ausgeht, dass die Kinder dann in eine Vollzeitbetreuung gehen und der Vater oder die Mutter wieder arbeiten können. Davon unbenommen sind die weiteren Unterhaltszahlungen für die Kinder. Diese müssen allerdings vom Vater oder der Mutter auch ohne Trauschein geleistet werden.

In aller Regel ist derjenige Elternteil unterhaltspflichtig, bei dem die Kinder nicht die meiste Zeit leben. Die Höhe bemisst sich nach dem Alter des Kindes, der Zahl der Kinder und dem unterhaltsrelevanten Einkommen. Einen Anhaltspunkt für die Höhe der Unterhaltszahlung gibt die sogenannte „Düsseldorfer Tabelle". Sie ist zwar eine anerkannte Richtlinie, bindend ist sie allerdings für die Gerichte nicht. Die Tabelle unterscheidet 15 Einkommensgruppen und bei den Kindern vier Altersstufen. Sie wird jährlich vom Oberlandesgericht Düsseldorf in Zusammenarbeit mit dem Deutschen Familiengerichtstag angepasst. Die jeweils aktuelle Version ist unter olg-duesseldorf.nrw.de/infos zu finden (links im Menü). Für das Jahr 2024 haben wir die Tabelle im Anhang dieses Buches abgedruckt (siehe S. 149).

TABELLE VERSTEHEN. Bedenken Sie bei Ihren eigenen Berechnungen: Von den Angaben in der Düsseldorfer Tabelle muss noch die Hälfte des Kindergeldes abgezogen werden. Außerdem ist wichtig zu wissen, dass die Tabelle von zwei unterhaltspflichtigen Kindern ausgeht.

Wie ein Ehevertrag finanzielle Risiken begrenzt

Die Geld-Risken, die insbesondere in den Bestimmungen zur Zugewinngemeinschaft stecken, lassen sich gestalten. Ein Ehevertrag bietet die Chance auf individuelle Vereinbarungen, die zu Ihren Vorstellungen von Familie und Beziehung passen. Hier können Sie Regelungen treffen, die Sie für richtig halten und damit austarieren, welches finanzielle Wagnis Sie mit einer Ehe eingehen wollen.

Wie sich Risiken mit einem Ehevertrag managen lassen, zeigen die folgenden Beispiele. Sie sehen hier, wie sich verschiedene Vermögenskonstellationen über eine solche Vereinbarung gestalten lassen, um die Risiken bei einer Scheidung zu begrenzen. Die Übersicht ist eine erste grobe Orientierung.

Michaela und Markus sind Anfang 30, beide berufstätig, kein Kinderwunsch. Die beiden wollen finanziell unabhängig bleiben und auf Ausgleichsansprüche im Falle einer Scheidung verzichten. Mit einem Ehevertrag können sie eine strikte Gütertrennung vereinbaren und auf Unterhalt und Versorgungsausgleich verzichten.

Frank und Marianne wollen heiraten, Frank ist hoch verschuldet
Das Paar will für den Fall, dass Gläubiger die Zwangsvollstreckung verlangen, das Inventar der Wohnung schützen. Über einen Ehevertrag können sie vereinbaren, dass künftig alle Anschaffungen Eigentum von Marianne sind.

Thorsten ist zum Zeitpunkt der Hochzeit sehr vermögend Thorstens Familie wünscht, dass das Vermögen und die Wertsteigerungen in der Familie bleiben. Ein Ehevertrag kann dafür sorgen.

Mareike ist Unternehmerin Sie will nicht, dass eine Scheidung die Zukunft ihrer Firma gefährdet. Ein Ehevertrag kann hier helfen, indem der Wertzuwachs der Firma im Scheidungsfall vom Zugewinnausgleich ausgeklammert wird.

Den Wunsch nach einem Ehevertrag anzusprechen, ist nicht einfach. Wer möchte sich schon in der Hochstimmung vor der Hochzeit mit dem Ende beschäftigen? Doch wie beschrieben, bestehen ohne eine solche Abmachung erhebliche Risiken. Deshalb ist es wichtig, dieses Thema anzusprechen. Sorgen Sie in der besten Zeit Ihres Lebens für die schlechteste vor. Wahrscheinlich sorgen Sie auch sonst für finanzielle

Wichtige Fragen zum Ehevertrag

Wann ist ein Ehevertrag sinnvoll?
Wer die gesetzlichen Regelungen insbesondere zu Zugewinnausgleich, Unterhalt und Versorgungsausgleich nicht für seine Situation passend findet, kann mit einem Ehevertrag individuelle Lösungen für den Scheidungsfall vereinbaren. Besonders ratsam kann ein Ehevertrag für Selbstständige sein, um das Firmenvermögen vor den Folgen einer Scheidung zu schützen. Gleiches gilt, wenn ein Partner eine größere Erbschaft erwartet, da die Wertsteigerung des Erbes dem Zugewinnausgleich unterliegen kann.

Muss ein Ehevertrag vor der Hochzeit geschlossen werden?
Nein, ein Ehevertrag kann auch zu einem späteren Zeitpunkt aufgesetzt werden. Allerdings ist es sinnvoll, das Thema bereits vor der Hochzeit anzusprechen und auch schon den Ehevertrag zu unterzeichnen. Denn wenn Ihr Partner nach der Trauung seine Meinung ändert, können Sie ihn nicht zur Unterschrift zwingen.

Lässt sich ein Ehevertrag wieder ändern?
Ja, ein Ehevertrag lässt sich zu einem späteren Zeitpunkt auch wieder ändern und anpassen. Beide Partner müssen mit den Änderungen aber einverstanden sein.

Wie kann ich einen Ehevertrag abschließen?
Ein Ehevertrag muss notariell beglaubigt sein, um gültig zu sein.

Was kostet ein Ehevertrag?
Die Notarkosten für einen Ehevertrag bemessen sich an der Größe des Vermögens der beiden Eheleute. Dazu kommen noch die Auslagen. Die Höhe der Gebühren ist gesetzlich geregelt. Im Falle eines Vermögens in Höhe von zum Beispiel 100 000 Euro beträgt sie 546 Euro. Dazu kommen noch Anwaltskosten für den Fall, dass Sie sich im Vorfeld beraten lassen, was häufig sinnvoll ist.

Was lässt sich alles in einem Ehevertrag regeln?
Ein Ehevertrag bietet sich besonders an, um Fragen der Vermögensaufteilung im Scheidungsfall, des Unterhalts und des Versorgungsausgleichs zu regeln. Das kann so weit gehen, dass sich Trennung trotz Ehe kaum von einer Trennung Unverheirateter unterscheidet.

Ist ein Ehevertrag einseitig widerrufbar?
In aller Regel ist es nicht möglich, einseitig einen Ehevertrag aufzulösen. Nur unter engen Voraussetzungen wie zum Beispiel arglistige Täuschung oder Drohungen lässt sich der Vertrag anfechten.

Eventualitäten vor. Gehen Sie daher nicht blauäugig in eine Ehe. Sehen Sie einen Ehevertrag nicht als Zeichen des Misstrauens und als böses Omen. Sehen Sie ihn lieber als Ausdruck dafür, dass Sie sich auch für die Zukunft das Allerbeste wünschen und deshalb die Dinge beizeiten regeln, um Streit und böses Blut zu vermeiden. Wenn Ihnen das zu gefühlig klingt, können Sie sich auch an die Finanzexpertin Helma Sick halten, die das Thema Ehevertrag einmal nüchtern auf den Punkt brachte: „Lieber unromantisch als arm."

Das Thema Ehevertrag wird einfacher, wenn klar ist, dass es nicht darum gehen soll, den Partner über den Tisch zu ziehen und nur sehr einseitige Regelungen zu treffen nach dem Motto „Meins bleibt meins, und du kannst bei einer Trennung sehen, wo du bleibst". Wenn die Gespräche getragen sind von dem Gedanken, für beide eine gute Lösung zu finden und keiner unter Druck gesetzt wird, lässt sich viel von der Spannung, die beim Ehevertrag oft mitschwingt, herausnehmen. Es ist rechtlich ohnehin problematisch, Regelungen zu vereinbaren, die einen Partner grob benachteiligen. Kommt es zum Streit, schauen sich Gerichte solche Vereinbarungen meist genau an.

Außerdem wichtig zu wissen: Sie müssen den Ehevertrag nicht vor der Hochzeit abschließen. Das können Sie auch noch später machen. In Form einer Scheidungsfolgenvereinbarung können Sie solche Regelungen durchaus auch noch treffen, wenn sich Ihre Wege doch wieder trennen sollten. Wie eine solche Vereinbarung aussehen kann, sehen Sie im Anhang dieses Ratgebers ab Seite 150.

Eheverträge lassen sich auch jederzeit ändern. Dafür müssen Sie sich allerdings einig sein. Eine einseitige Änderung geht nicht. Zudem muss der Vertrag notariell beurkundet sein. Hierfür fallen Kosten an, die gesetzlich geregelt sind. Die Höhe richtet sich nach der Höhe des Vermögens der beiden Partner.

GRENZEN DES EHEVERTRAGS. Im Prinzip können Sie in einem Ehevertrag auch Dinge festhalten, die nichts mit Geld zu tun haben. Sie können darin ein ganzes Regelwerk für Ihr Zusammenleben aufstellen und vereinbaren, wer den Wocheneinkauf macht oder die Spülmaschine ausräumt. Aber das alles nutzt Ihnen nichts, wenn sich Ihr Partner nicht daran hält. Solche Regelungen zum Zusammenleben lassen sich gerichtlich nicht durchsetzen. Deshalb raten wir dazu, auf solche kleinteiligen Regelungen zu verzichten.

Im Ehevertrag kann als Alternative zur Zugewinngemeinschaft eine Gütertrennung vereinbart werden. Das bedeutet, dass die Vermögen beider Partner während der Ehe getrennt bleiben. Es kommt also nicht zum Zugewinnausgleich, sondern es gelten die gleichen Grundsätze wie bei Singles oder Paaren: Was einem Partner alleine gehört, gehört ihm auch im Trennungsfall alleine. Es findet kein Ausgleich statt, auch nicht im Falle von Wertsteigerungen. Auf diese Weise verändert das Jawort beim Vermögen nicht viel im Vergleich zur Situation davor.

Auf der Seite 73 finden Sie ein Beispiel, wie so ein Ehevertrag aussehen kann. Das Paar hat nicht nur eine Gütertrennung vereinbart. Es hat auch nachehelichen Unterhalt und Versorgungsausgleich ausgeschlossen. Die gesetzlichen Regelungen zur Scheidung sind somit ausgehebelt.

KRITISCHER BLICK. Bei so weitreichenden Eheverträgen ist es möglich, dass ein Gericht prüfen wird, ob bei Abschluss des Vertrages beide Partner wirklich auf Augenhöhe waren und der eine den anderen nicht unter Druck gesetzt hat. Wenn Sie beide also tatsächlich auf sämtliche Ansprüche verzichten wollen, sollten Sie im Ehevertrag Ihre aktuelle finanzielle Situation und Ihre Beweggründe für so eine weitreichende Regelung festhalten.

Die Bandbreite der möglichen Vermögensregelungen ist groß. Die sollten Sie nutzen, um die für Sie passende Lösung hinsichtlich Vermögensschutz und gegenseitiger Fürsorge zu finden. So kann auch eine Mischform gewählt werden, bei der nur bestimmte Vermögensgegenstände vom Zugewinn ausgeschlossen sind. Das können zum Beispiel individuelle Aktiendepots für die Altersvorsorge sein. Auch lassen sich geerbte Immobilien herausnehmen. Zwar sind Erbschaften grundsätzlich vom Zugewinn ausgeschlossen. Bei Immobilien gibt es allerdings die Sonderregelung, dass Wertzuwächse beim Ausgleich berücksichtigt werden. Bei solchen Regelungen sollte aber das Missbrauchspotenzial nicht außer Acht gelassen werden. So könnte ein Partner versucht sein, (gemeinsames) Geld in den Werterhalt einer geerbten Immobilie zu investieren. Er entzieht das Geld damit dem Zugewinn, aber ohne eine Wertsteigerung der Immobilie sieht der andere nichts davon.

Eine weitere Alternative zur strikten Gütertrennung kann die sogenannte modifizierte Zugewinngemeinschaft sein. Vereinfacht gesagt, wird bei dieser Vereinbarung festgehalten, dass prinzipiell die Zuge-

Ehe ohne Folgen

Mit einem Ehevertrag lassen sich im Extremfall praktisch alle rechtlichen Konsequenzen einer Scheidung aushebeln. Die Paare sind dann trotz Jawort bei einer Trennung so gestellt wie vor der Trauung.

Restriktiver Ehevertrag

Jan Mölbert (38) und Anja Starnke (35) sind beide voll berufstätig und finanziell eigenständig und haben keinen Kinderwunsch. Nach der Heirat möchten sie rechtlich weitestgehend so gestellt bleiben wie vor der Heirat.

Verhandelt zu Köln, am 14.04.2024

Vor dem Notar Dr. Kaupert sind heute erschienen

- Jan Mölbert, geb. am 16.02.1986, Aachener Str. 413, 50933 Köln
- Anja Starnke, geb. am 10.04.1989, ebenda

Die Erschienenen beabsichtigen, in Kürze zu heiraten. Sie schließen für den Fall der Eheschließung folgenden Ehevertrag:

§ 1 Eheliches Güterrecht

Wir vereinbaren für unsere künftige Ehe den Güterstand der Gütertrennung und schließen deshalb den gesetzlichen Güterstand aus. Der Notar hat uns darauf hingewiesen, dass infolge der vereinbarten Gütertrennung der gesetzliche Zugewinnausgleich nicht stattfindet und die gesetzlichen Verfügungsbeschränkungen entfallen.

§ 2 Nachehelicher Unterhalt

Wir verzichten gegenseitig auf jeglichen nachehelichen Unterhalt, auch für den Fall der Not, und nehmen den Verzicht gegenseitig an. Der Notar hat uns darauf hingewiesen, dass infolge dieses Unterhaltsverzichts kein Ehegatte gegen den anderen bei Scheidung der Ehe Unterhaltsansprüche haben wird, und zwar auch dann, wenn er selbst für seinen Unterhalt nicht sorgen kann und auf fremde Hilfe angewiesen ist.

§ 3 Versorgungsausgleich

Wir schließen den Versorgungsausgleich aus. Der Notar hat uns über die Bedeutung und die Folgen des Ausschlusses belehrt, insbesondere darüber, dass infolge dieser Vereinbarung der vom Gesetz für den Fall der Scheidung vorgesehene Ausgleich der in der Ehezeit erworbenen Versorgungsanwartschaften nicht stattfindet.

Köln, den 14.04.2024

Anmerkung:
Statt Gütertrennung wählen Paare ohne Kinderwunsch in der Praxis oft die modifizierte Zugewinngemeinschaft. Dies hat in erster Linie erbschaftsteuerliche Gründe.

winngemeinschaft gilt, außer, wenn es zur Scheidung kommt. Dann findet kein Ausgleich statt, und es gilt Gütertrennung. Der Vorteil dieses Weges: Das Vermögen ist im Scheidungsfall geschützt, im Todesfall profitiert der Überlebende jedoch von den Erbschaftsregelungen der Zugewinngemeinschaft. Sie bieten vor allem steuerliche Vorteile. Denn es findet ein fiktiver Zugewinnausgleich statt. Dabei wird geschaut, was der Ehepartner im Scheidungsfall erhalten hätte. Dieser Betrag ist nicht Teil des steuerpflichtigen Erbteils. Mögliche Zahlungen können durch diesen fiktiven Zugewinnausgleich also erheblich gesenkt werden. Der normale Freibetrag wird dadurch nicht gemindert. Außerdem erhält der Ehepartner, wenn kein Testament vorliegt, zusätzlich zu seinem gesetzlichen Erbanteil ein weiteres Viertel als sogenannten pauschalisierten Zugewinnausgleich.

FÜREINANDER SORGEN. Im Ehevertrag können auch gesonderte Regelungen zum Unterhalt festgelegt werden. Wer sich überwiegend um die Kindererziehung kümmert und dadurch berufliche Nachteile in Kauf nimmt, kann sich so besser finanziell absichern. Mehr dazu erfahren Sie im Kapitel „Familienplanung", ab Seite 89.

Wo der Trauschein nicht viel ändert

Eine Ehe verändert im Finanziellen vieles, aber nicht alles. Manche Dinge bleiben gleich. Hier macht das Jawort keinen Unterschied.

Auch wenn eine Trauung vieles ändert – bei manchen Punkten ist es ein Mythos, dass eine Ehe einen großen Unterschied macht. So ist es nicht der Fall, dass durch das Jawort eine Art Haftungsgemeinschaft entsteht. Genauso wie man das Vermögen behält, das man mit in die Ehe bringt, behält man auch seine Schulden aus der Zeit vor der Eheschließung. Eine Hochzeit ändert nichts an den Verbindlichkeiten: Die Schulden des

Ehemanns bleiben seine Schulden, und die Schulden der Ehefrau bleiben ihre Schulden. Das Gleiche gilt für mögliche Unterhaltspflichten. Dafür muss also nicht der neue Ehepartner aufkommen, sondern nur der Betroffene.

Und auch in der Ehe haften beide nicht automatisch füreinander. Beide Partner bleiben rechtlich getrennte Individuen, das heißt, jeder bleibt für sich selbst verantwortlich. Wenn also jemand Schulden macht, muss er dafür geradestehen. Wer die Schulden eingegangen ist, muss sie auch zurückzahlen. Der Partner ist davon womöglich emotional betroffen, weil gerade bei hohen Schulden das Zusammenleben leiden kann. Die Sorgen um die rechtzeitige Rückzahlung kann zu dunklen Gedanken führen. Aber er hat, zumindest rechtlich, nichts damit tun.

Vorsicht ist nur geboten, wenn man seine Unterschrift mit unter den Kreditvertrag setzt. Unterschreiben beide, haften auch beide als Gesamtschuldner. Die Bank kann dann vorstellig werden und sich wegen der Rückzahlung wahlweise an einen von beiden halten. In diesem Fall ist wichtig zu wissen, dass jeder für die gesamte Summe haftet und nicht etwa nur für die Hälfte. Das heißt, im Falle eines Kredits über 100 000 Euro haftet jeder Partner nicht nur für jeweils 50 000 Euro. Die Bank kann sich die volle Summe über 100 000 Euro im Zweifelsfall von jedem einzeln holen.

Ähnlich ist die Lage, wenn die Eheleute ein Gemeinschaftskonto haben. Wenn der Ehemann mit seinen Ausgaben das Konto überzieht, muss auch die Ehefrau für die Schulden geradestehen. Beides ist aber keine Frage des Familienstandes. Diese Regelungen gelten genauso für unverheiratete Paare.

Und auch wenn eine Ehe eine Solidargemeinschaft ist, in der man sich verspricht, „in guten wie in schlechten Zeiten" füreinander da zu sein und füreinander zu sorgen – rein rechtlich entstehen nicht unbedingt größere Verpflichtungen als bei einer Partnerschaft ohne Trauschein. Eine Hochzeit macht keinen Unterschied. Denn die Berechtigung für den Bezug genauso wie Gründe für die Kürzung einer Leistung hängen nicht am Familienstand.

So steht einem Ehepartner, wenn er arbeitslos wird, trotz des Gedankens der Ehe als Solidargemeinschaft, Arbeitslosengeld zu, sofern die Voraussetzungen dafür erfüllt sind. Das heißt: In den 30 Monaten vor der Arbeitslosmeldung wurde für mindestens zwölf Monate in die Arbeitslosenversicherung eingezahlt.

Auch für weitere Hilfen ist die Frage „Ledig oder verheiratet?" häufig nicht entscheidend. Beim Bürgergeld schaut das Jobcenter nach dem

Einkommen und dem Vermögen der Bedarfsgemeinschaft. Diesen Begriff kennen Sie bereits aus dem Kapitel „Gemeinsam wohnen". Eine Bedarfsgemeinschaft entsteht, wenn zwei Menschen zusammenziehen, genauer gesagt, bei einer „eheähnlichen Lebensgemeinschaft", wie es das Bundesministerium für Arbeit und Soziales ausdrückt. „Voraussetzung ist, dass die Partner im gemeinsamen Haushalt leben und zwischen den Partnern ein wechselseitiger Wille besteht, dass sie füreinander Verantwortung tragen und einstehen", heißt es dort weiter. Dieser Wille werde vermutet, wenn die Partner bereits länger als ein Jahr zusammenleben. Das Jawort im Standesamt verändert hier also nicht wirklich etwas, wenn man vorher schon für längere Zeit zusammengewohnt hat.

AUF HILFE ANGEWIESEN. Beim Pflegegeld, das die Pflegekasse zahlt, entstehen aus dem Versprechen, in schlechten Zeiten füreinander da zu sein, auch keine Nachteile. Die Höhe der Leistungen hängt vom Grad der Pflegebedürftigkeit ab. An dem Anspruch ändert sich nichts durch die Eheschließung. Verheiratete haben den gleichen Anspruch wie Unverheiratete. Auch Einkommen und Vermögen spielen keine Rolle.

Doch wie lautet nun nach all diesen Abwägungen und Erläuterungen die Antwort auf die provokante Frage, die zu Beginn des Kapitels stand? Lohnt sich Heiraten aus finanzieller Sicht? Keine eindeutige Antwort kann man in Bezug auf die steuerlichen Vorteile geben. Diese hängen sehr von der individuellen Einkommenssituation ab. Mal sind sie größer, mal kleiner, und manchmal fallen sie auch gar nicht ins Gewicht. Klarer fällt die Antwort mit Blick auf die Möglichkeiten zum Vermögenserhalt aus. Hier lohnt sich Heiraten wegen der deutlich höheren Freibeträge, die beim Vererben und Verschenken gelten. Auch die Hinterbliebenenversorgung über eine Witwen-/Witwerrente spricht fürs Heiraten.

Gegen eine Heirat scheinen die finanziellen Folgen einer Scheidung zu sprechen. Allerdings lässt sich dieses Risiko über einen Ehevertrag minimieren. Anwalts- und Gerichtskosten fallen trotzdem an. Aber die finanziellen Auswirkungen lassen sich durch ein solches Dokument deutlich begrenzen, wenn zum Beispiel im Ehevertrag eine strikte Gütertrennung vereinbart wird. Vieles ändert sich aber auch nicht durch den Gang zum Standesamt. So haben Fragen der Haftung und Sozialleistungen in aller Regel wenig mit dem Familienstand zu tun.

Resümee

Lohnt sich eine Ehe aus finanzieller Sicht? Um diese Frage ging es in diesem Kapitel. Hier die wichtigsten Punkte in der Zusammenfassung.

Der Freibetrag beim Vererben und Verschenken ist mit 500 000 Euro deutlich höher als ohne Trauschein, und es gibt eine Witwen- bzw. Witwerrente, wenn einer der Eheleute stirbt. Über die Höhe und Dauer der Zahlung entscheidet das Alter des überlebenden Ehepartners zum Todeszeitpunkt.

Das Ehegattensplitting ist ein weiterer finanzieller Vorteil. Wie groß dieser allerdings ausfällt, hängt davon ab, wie stark sich die beiden Einkommen unterscheiden. Bei großen Unterschieden lohnt sich das Ehegattensplitting mehr als bei kleinen.

Mit der Wahl der Steuerklassen können Ehepartner ihre Liquidität am Monatsende beeinflussen. In der Kombination 3/5 bleibt am Monatsende mehr Geld übrig, wenn der Besserverdiener die Klasse 3 wählt. Das Nettoeinkommen fällt höher aus, weil ihm auch die Freibeträge des Ehepartners angerechnet werden. Mit der Jahressteuererklärung wird jedoch wieder alles gerade gezogen. Was zuvor zu wenig an Steuern gezahlt wurde, muss dann nachgezahlt werden. Eine echte Steuerersparnis gibt es also nicht.

Neben möglichen Nachzahlungen sollten bei der Wahl der Kombination 3/5 die Folgen für Lohnersatzleistungen wie Arbeitslosengeld und Elterngeld bedacht werden. Sie bemessen sich nicht am Brutto-, sondern am Nettoeinkommen. In Steuerklasse 5 fallen wegen der hohen Abzüge solche Zahlungen daher geringer aus als in Klasse 3 oder 4.

Normalerweise führt eine Scheidung zu einem Zugewinnausgleich, einem Versorgungsausgleich und unter Umständen zu Unterhaltszahlungen an den Ex-Partner. Über einen Ehevertrag können die Eheleute die finanziellen Folgen einer Scheidung jedoch individuell regeln. Er kann auch nach der Hochzeit abgeschlossen werden. Im Extremfall lässt sich ein Ehevertrag sogar so gestalten, dass es zu keinerlei Zahlungen im Scheidungsfall kommt.

05

Jetzt wird geheiratet

Entspannt zum Standesamt

Zum Heiraten ist es nie zu spät. Nicht zuletzt hat der Schritt auch finanzielle Vorteile. Was Sie für das Jawort brauchen und wissen müssen.

Höhere Freibeträge beim Vererben und Verschenken, eine gewisse Absicherung für den Todesfall und womöglich auch eine Steuerersparnis durch das Ehegattensplitting – vielleicht gibt das neue Wissen aus dem vorigen Kapitel über die finanziellen Vorteile bei Ihnen den Ausschlag, nach Jahren der wilden Ehe die Beziehung auch formal zu besiegeln. Vielleicht hatten Sie aber ohnehin schon geplant zu heiraten – ob mit einer kleinen Feier oder einer großen Party mit vielen Gästen.

Bis dahin gibt es einiges zu organisieren, zu bedenken und zu planen. Die Vorbereitungen können stressig und auch konfliktreich sein, wenn unterschiedliche Vorstellungen darüber aufeinandertreffen, wie der „schönste Tag im Leben" aussehen soll. Nicht einfacher wird es angesichts der Kosten für Räumlichkeiten, Essen und Musik, die schnell in die Tausende steigen können.

Bei der Planung ist es deshalb wichtig, dass Sie immer wieder versuchen, kreative Lösungen zu finden. Das geht aber nur, wenn jeder die Wünsche des anderen wirklich versteht und jeder auch genau sagen kann, was er oder sie möchte. Dann kann ein Vereinsheim mit schönem Außenbereich zur günstigen Alternative zum Romantikhotel mit Park werden, vorausgesetzt, es geht Ihnen vor allem um eine tolle Feier im Freien.

Wichtig ist außerdem, dass Sie bei Meinungsverschiedenheiten faule Kompromisse vermeiden. Sie wirken zwar oft wie die schnelle Lösung, machen aber meist niemanden richtig froh, weil keiner mit der Lösung zufrieden ist. Damit ist der nächste Streit praktisch vorprogrammiert.

Um es an einem Beispiel zu zeigen: Anna und Thomas wollen heiraten. Anna möchte gerne eine große Feier mit 100 Gästen, Thomas will es kleiner halten und nur 50 Gäste einladen, auch weil das günstiger ist. Als Kompromiss einigen sich Anna und Thomas drauf, 75 Gäste einzuladen.

Jedoch ist keiner mit der Lösung zufrieden: Für Thomas ist die Feier noch immer zu groß (und zu teuer), und Anna muss viele Namen von ihrer Liste streichen und fühlt sich deswegen schlecht.

Bemühen Sie sich, Ihren Partner beziehungsweise Ihre Partnerin und das, worum es wirklich geht, zu verstehen. Dazu ein klassisches Beispiel aus der Verhandlungsliteratur: die Geschichte von der „Harvard-Orange". Zwei Schwestern streiten sich um die Frucht. Am Ende nimmt die Mutter ein Messer und teilt die Orange in zwei Hälften. Auf den ersten Blick wirkt das wie ein guter Kompromiss. Aber keine der Schwestern ist zufrieden. Denn – das ist Pointe und Lehre aus dem Orangenbeispiel – es wäre eine viel bessere Lösung möglich gewesen: Eine Schwester wollte von der Orange nur den Saft, die andere brauchte nur die Schale für einen Kuchen. Hätte also jede Schwester klar gesagt, was ihre Wünsche sind, und hätte jede versucht, Position und Interessen der anderen besser zu verstehen, wäre es nicht zum (Schein-)Konflikt und dem faulen Kompromiss gekommen.

Im Fall von Anna und Thomas heißt das: Statt sich bei der Gästezahl auf den Mittelwert zu einigen, hätten sie mehr über die unterschiedlichen Positionen reden sollen. Dann hätte Thomas verstanden, dass Anna sich verpflichtet fühlt, ihren Sportverein und ihren Chor einzuladen. Anna wiederum hätte Thomas' Sorge um die Kosten besser verstanden. Zum Glück reden sie noch einmal miteinander. Ihre Lösung: Sie laden 50 Gäste zur Feier ein und organisieren zusätzlich einen Polterabend. So kann Anna ihren Verpflichtungen nachkommen und der Abend ist günstiger, als wenn sie 25 oder gar 50 Personen mehr für das geplante Menü bei der Hochzeit einplanen.

STREIT WIRD ZUM SCHEINKONFLIKT. Positionen analysieren und die Welt des anderen betreten ist nicht nur bei der Hochzeitsplanung wichtig. Auch andere Konflikte lassen sich leichter lösen, wenn man sich nicht von Scheinpositionen („Ich will die Orange") irritieren lässt, sondern versucht, die wahren Interessen zu verstehen („Ich will die Schale der Orange"). Der Streit kann sich dann schnell als Missverständnis entpuppen.

Trotz aller Bemühungen kann es sein, dass Ihre finanziellen Mittel nicht für die Wunschhochzeit ausreichen. Sie sind mit dem Ergebnis unzufrieden und fühlen sich nicht wohl, so sehr Sie sich auch bei der Suche nach Lösungen anstrengen. Bevor Sie sich dann zu einer Feier durchringen, die gar nicht das ist, was Sie möchten, kann es eine Alternative sein, nur in kleinem Rahmen zu heiraten und das große Fest auf später zu verschieben. Die Zeit können Sie nutzen, um das nötige Geld für die opulente Party zu sparen. Auch hier gilt wieder: Ein fauler Kompromiss führt oft zu Enttäuschungen.

Planung der standesamtlichen Hochzeit

Verglichen mit der Planung der Feier ist die standesamtliche Trauung der wahrscheinlich einfachere Teil. Doch auch hier gibt es ein paar Dinge zu organisieren, damit alles klappt. Denn unabhängig davon, ob Sie sich zusätzlich eine freie Zeremonie wünschen oder vor den Altar treten wollen:

Um gesetzlich anerkannt zu sein, muss eine Ehe standesamtlich geschlossen werden. Der erste Schritt ist, die Heirat beim Standesamt anzumelden. Genauer gesagt, müssen Sie sich bei dem Standesamt melden, bei dem Sie oder Ihr Partner den Haupt- oder Nebenwohnsitz haben. Dieses Standesamt prüft, ob alle Voraussetzungen für eine Heirat erfüllt sind. Sie müssen sich aber nicht dort das Jawort geben. Die Trauung kann in einem Standesamt Ihrer Wahl stattfinden. Sofern Sie einen Wunschtermin haben, informieren Sie sich rechtzeitig, ob er noch frei ist.

Für die Anmeldung benötigen Sie einige Unterlagen, für deren Beschaffung Sie etwas Zeit einplanen sollten. Denn neben einem gültigen Reisepass oder Personalausweis brauchen Sie als deutsche Staatsangehörige eine Meldebescheinigung mit Angaben zum Familienstand. Außerdem benötigen Sie einen beglaubigten Ausdruck aus dem Geburtenregister. Den kriegen Sie beim Standesamt, das für Ihren Geburtsort zuständig ist. Die Urkunde darf allerdings nicht älter als sechs Monate sein.

WEITERE UNTERLAGEN. Je nach persönlicher Situation können noch weitere Dokumente dazukommen, zum Beispiel, wenn Sie schon einmal verheiratet waren, nicht deutscher Staatsbürger sind oder gemeinsame Kinder haben.

Sie merken: Ganz ohne Aufwand ist auch die standesamtliche Trauung nicht. Immerhin halten sich die Kosten im Rahmen. Sie sind zwar nicht bundeseinheitlich geregelt, bewegen sich aber häufig im Rahmen eines mittleren zweistelligen Betrags. Sie können höher liegen, wenn Sie zum Beispiel eine Trauung außerhalb der üblichen Öffnungszeiten wünschen oder das Standesamt ausländisches Recht beachten muss.

Was eine Verlobung rechtlich bedeutet

Schon vor der Ehe ändert sich für Paare etwas, wenn sie die feste Absicht haben, zu heiraten.

Eine formale Verlobung ist für die Anmeldung beim Standesamt nicht nötig. Zwar gehört ein romantischer Antrag mit Kniefall, präsentiertem Ring und der alles entscheidenden Frage: „Willst du mich heiraten?" für viele Paare dazu. Doch rechtlich ist das keine Voraussetzung. Spätestens mit der Anmeldung der Trauung beim Standesamt gilt ein Paar als verlobt.

Wichtig zu wissen ist, dass dieser Schritt einige rechtliche Konsequenzen hat. Das Bürgerliche Gesetzbuch widmet der Verlobung und den Folgen diverse Paragrafen. Die Verlobung gilt als Vorstufe der Ehe und hat damit einen höheren Status als nicht-eheliche Lebensgemeinschaften. Zu den neu gewonnenen Rechten von Verlobten gehört das Zeugnisverweigerungsrecht: Die Verlobten müssen in Strafsachen nicht gegeneinander aussagen. Sie können die Aussage verweigern und profitieren damit von der gleichen Regelung wie Ehepartner und enge Familienangehörige.

KEINE NEUEN RECHTE. Keine Gleichstellung zur Ehe gibt es jedoch im Falle von Vererben und in Notsituationen. Verlobte sind nicht Teil der gesetzlichen Erbfolge. Wenn sich Verlobte gegenseitig etwas hinterlassen wollen, muss das im Testament stehen. Außerdem haben sie ohne eine Vorsorgevollmacht kein Recht, zum Beispiel nach einem schweren Unfall den anderen auf der Intensivstation zu besuchen oder über den Krankheitszustand informiert zu werden.

Der Gesetzgeber sieht in dem Heiratsversprechen eine hohe Verbindlichkeit und hat Regelungen zur Entschädigung getroffen, sollte die Verlobung zerbrechen. Es besteht eine „Ersatzpflicht bei Rücktritt", wie es im Gesetz heißt. Das bedeutet: Wer das Verlöbnis bricht, kann schadenersatzpflichtig werden, wenn im Rahmen der Hochzeitsvorbereitungen Kosten entstanden sind, wie zum Beispiel Anzahlungen für den Caterer oder die Saalmiete für die Feier. Die Schadenersatzpflicht gilt nicht nur dem Expartner, sondern auch gegenüber Eltern oder Dritten. Das gilt auch für Kosten abseits der unmittelbaren Feierlichkeiten. Ein Anspruch auf Schadenersatz kann zum Beispiel auch dann entstehen, wenn die Frau in Erwartung der Hochzeit in die Stadt ihres Zukünftigen zieht oder wenn sie ihren Job kündigt, weil sie in seiner Firma mitarbeiten will. Löst der Mann dann die Verlobung, kann es für ihn teuer werden.

Eine Pflicht, die Verlobte oder den Verlobten auch wirklich zu heiraten, besteht jedoch nicht. Das Eheversprechen kann nicht eingeklagt werden. Auch Drohungen sind nicht erlaubt.

Den richtigen Nachnamen finden

Ein gemeiner Name, ein Doppelname oder den Namen behalten? Die Entscheidung kann emotional sein. Was möglich ist – und was nicht.

Die Entscheidung über den Familiennamen ist zugegebenermaßen nicht ganz einfach. Sie ist wichtig und weitreichend. Schließlich ist der Name ein wichtiger Aspekt eines Menschen. Er ist Ausdruck seiner Wurzeln und seiner Herkunft. Der Nachname zeigt Zugehörigkeit und Verbundenheit an. Die gute Nachricht ist: Sie können sich für die Entscheidung Zeit lassen. Auch nach der Eheschließung können Sie den Namen noch bestimmen.

Das Namensrecht bietet verschiedene Möglichkeiten, die wiederum auch Auswirkungen auf den Nachnamen eines möglichen Kindes haben. Hierzu finden Sie weitere Informationen auf der Webseite des Bundesfamilienministeriums familienportal.de unter dem Suchwort Namensrecht. Wählen Sie bei den Suchergebnissen „Welchen Nachnamen bekommt mein Kind bei der Geburt?" aus.

Option 1: Jeder behält seinen Nachnamen. Es gibt also keinen gemeinsamen Familiennamen. Frank Müller heißt weiterhin Müller, und Sabine Schmidt heißt weiterhin Schmidt. Bekommen Frank und Sabine ein Kind, können sie entscheiden, ob es den Nachnamen Müller oder Schmidt tragen soll. Diese Entscheidung gilt auch für mögliche Geschwisterkinder.

Option 2: Gemeinsamer Familienname. Der Mann übernimmt den Nachnamen der Frau oder umgekehrt. Es gibt also einen gemeinsamen Ehenamen. Diesen Namen trägt dann auch ein gemeinsames Kind. In unserem Beispiel entscheidet sich Frank Müller, den Namen seiner Frau anzunehmen. Er heißt künftig Frank Schmidt.

Option 3: Gemeinsamer Ehename. Der Mann oder die Frau kombiniert den bisherigen Namen mit dem Ehenamen. Sie können ihn entweder voranstellen oder anhängen. Statt also wie in unserem Beispiel auf seinen Nachnamen zu verzichten, könnte Frank den Nachnamen Müller-Schmidt oder Schmidt-Müller wählen. Für die Kinder geht das allerdings nicht. Ein Begleitname kann nicht Nachname eines Kindes werden. Die Kinder von Frank und Sabine werden daher Schmidt mit Nachnamen heißen. Ein Dreifachname ist auch nicht möglich. Wenn Sie also schon einen Doppelnamen haben, kann Ihr Partner seinen Namen nicht ergänzen.

DIE ZWEITE EHE. Ist es für einen von Ihnen nicht die erste Ehe, steigen die Optionen noch. Denn der Name aus der vorherigen Ehe steht neben dem Geburtsnamen zur Wahl. Das gilt auch, wenn dieser Name ein Doppelname war. Eine Dreifachkombination ist aber auch dann nicht möglich.

So zahlreich die Möglichkeiten bereits sind: Voraussichtlich ab dem 1. Mai 2025 werden es noch mehr Optionen sein. Denn im Mai 2024 wurde eine Reform des Namensrechts verabschiedet, die dann in Kraft treten soll. Im Unterschied zur bisherigen Regelung sollen künftig beide Ehepartner einen zusammengesetzten Doppelnamen als Familiennamen führen können. Das heißt, aus den beiden Nachnamen kann ein gemeinsamer Ehename gebildet werden. Frank und Sabine aus unserem Beispiel können also als Ehenamen Müller-Schmidt (oder umgekehrt) wählen und sowohl Frank als auch Sabine dürfen ihn tragen – sogar ohne Bindestrich. Auch die Kinder können einen Doppelnamen führen. Das gilt selbst dann, wenn die Eltern keinen gemeinsamen Ehenamen haben. Ein Dreifachname ist aber weiterhin nicht möglich. Von der Neuregelung sollen auch Ehepaare profitieren, die schon verheiratet sind. Weitere Informationen dazu finden Sie auf der Internetseite des Bundesjustizministeriums (bmj.de).

Resümee

Was ist für eine Hochzeit nötig? Welche Regeln gelten für den Nachnamen? Lesen Sie noch einmal die wichtigsten Punkte des Hochzeit-Kapitels in der Zusammenfassung.

Eine standesamtliche Trauung ist nicht teuer, die Feier dagegen unter Umständen schon. Wenn Sie aber genau benennen können, was Ihnen wichtig ist und Prioritäten setzen, können Sie mit kreativen Lösungen Geld sparen. Schließen Sie nicht aus, die große Feier auf später zu verschieben, bis Sie das nötige Geld für Ihre Wunschhochzeit gespart haben. Das kann die bessere Lösung sein als zu viele Abstriche zu machen und dann mit Bedauern auf den großen Tag zurückzublicken.

Wenn Sie unterschiedliche Vorstellungen haben, nehmen Sie sich die Zeit, die Wünsche und Positionen des anderen richtig zu verstehen. Dann werden Sie höchstwahrscheinlich gute Lösungen finden. Vermeiden Sie faule Kompromisse, mit denen niemand zufrieden ist.

Die Verlobung ist mit gewissen Rechten und Pflichten verbunden. Zwar besteht mit dem Heiratsantrag kein Anspruch auf eine Vermählung. Aber Schadenersatz kann fällig werden, wenn die Verlobung aufgelöst wird und bis dahin Kosten entstanden sind.

Darum müssen Sie sich kümmern: Sichten Sie rechtzeitig die nötigen Dokumente. Haben Sie alles zusammen oder müssen Sie noch Unterlagen anfragen? Kümmern Sie sich frühzeitig um einen Termin beim Standesamt, vor allem, wenn Sie ein bestimmtes Wunschdatum haben. Für die Wahl des Ehenamens haben Sie zahlreiche Möglichkeiten: Ein gemeinsamer, ein unterschiedlicher und – momentan noch mit gewissen Einschränkungen – ein Doppelname sind möglich.

06

Familienplanung

Kinderglück ohne Geldsorgen

Die Gründung einer Familie ist oft ein entscheidender Punkt in einer Beziehung – auch aus finanzieller Sicht. Wie Sie die Herausforderung meistern.

Wie schon beim Kapitel über die Ehe starten wir auch hier mit einer provokanten Frage: Was kostet ein Kind? Die Frage wirkt auf den ersten Blick gefühlskalt. Kinder sollten selbstverständlich nicht in erster Linie als Kostenfaktor gesehen werden. Sie sind schließlich so viel mehr als das. Aber man darf bei den vielen großen und starken Emotionen, die mit diesem Thema verbunden sind, nicht ignorieren, dass ein Kind auch Konsequenzen für die Finanzen hat. Kinder kosten Geld. Da sind zum einen die direkten Kosten für Ausgaben wie Windeln oder Babykleidung. Dazu kommen aber noch die indirekten Kosten: Durch Mutterschutz, Elternzeit oder den Wunsch nach Teilzeit sinken in vielen Familien die Einnahmen. Ihnen steht weniger Geld zur Verfügung, und auch das muss berücksichtigt werden.

Zu einer Familienplanung gehört deshalb auch eine Finanzplanung. Wenn der Kinderwunsch konkreter wird, ergibt es auf jeden Fall Sinn, dass Sie sich Ihre monatlichen Ausgaben (siehe „Finanzen gemeinsam organisieren", S. 19) noch einmal vornehmen. Nehmen Sie neue Posten mit den Ausgaben für Ihren Sohn oder Ihre Tochter auf. Das können sein „Windeln, Feuchttücher etc.", „Babykleidung", „Betreuung" oder auch „Kurse", wenn Sie zum Beispiel einen Baby-Schwimmkurs planen. Welche Versicherungen für Familien sinnvoll sind, sehen Sie ab Seite 154.

TEURE KINDER. Vor einiger Zeit berechnete das Statistische Bundesamt, welche Kosten für Eltern in den Jahren bis zur Volljährigkeit des Kindes anfallen. Rund 165 000 Euro geben die Eltern eines Kindes für Spielzeug, Kleidung, Betreuung und vieles mehr aus. Auf den Monat umgerechnet waren es 763 Euro. Dabei ist die Bandbreite groß: Bei Familien im unteren Einkommensbereich lag die Summe bei 424 Euro im Monat, im oberen dagegen bei 1 212 Euro.

Die Ausgaben müssen die Eltern aber nicht ganz alleine tragen. Der Staat hilft mit, entweder über Kinderfreibeträge oder über das Kindergeld. Die Prüfung, was günstiger ist, findet im Rahmen der jährlichen Einkommensteuerveranlagung automatisch statt. Im Falle des Kindergelds zahlt der Staat im Monat 250 Euro pro Kind (Stand 2024). Das Geld fließt bis zum 18. Lebensjahr. Hochgerechnet erhalten Eltern bis zur Volljährigkeit ihres Kindes 54 000 Euro. Wenn das Kind zum Beispiel eine Ausbildung macht oder studiert, zahlt der Staat das Kindergeld sogar bis zum 25. Lebensjahr.

Ergänzen Sie daher bei Ihren Einnahmen im Haushaltsbuch den Posten „Kindergeld". Das zusätzliche Geld können Sie für Ihre Planung schon mal auf die Ausgaben verteilen. Überprüfen Sie aber trotzdem, bei welchen Ausgabenposten Sie Einsparpotenzial haben. Das ist nicht nur wichtig für den Fall, dass das Kindergeld die steigenden Ausgaben nicht deckt, sondern auch für den zweiten Teil des Finanzchecks: Nimmt einer von Ihnen nach der Geburt eine Auszeit vom Job, müssen die finanziellen Auswirkungen ebenfalls geplant werden. So groß der Wunsch auch ist, sein Kind beim Entdecken der Welt zu begleiten – ob und wie lange das möglich ist, ist auch eine Geldfrage. Denn wenn ein Elternteil eine Zeit lang zu Hause bleibt oder weniger arbeitet, um mehr Zeit für das neue Familienmitglied zu haben, bricht ein Teil der Einkünfte weg. Wenn beide Eltern beschließen, eine Auszeit vom Job zu nehmen, fehlen sogar beide Einkommen.

Basiselterngeld und ElterngeldPlus

Am Anfang kompensiert der Staat zumindest einen Teil der wegfallenden Einnahmen. Er zahlt Elterngeld. Das Basiselterngeld gibt es für zwölf Monate. Wenn beide Elternteile Schreibtisch gegen Wickeltisch tauschen, sind es sogar 14 Monate. Eltern können nur einen Monat Basiselterngeld parallel beziehen, und auch das nur innerhalb des ersten Lebensjahres des Kindes. Den zweiten Extra-Monat muss der andere Elternteil allein nehmen.

Die Höhe des Basiselterngelds beträgt, vereinfacht gesagt, 65 Prozent des Nettoeinkommens, das im Schnitt in den zwölf Monaten vor der Geburt verdient wurde. Weil die Elterngeldstelle ein eigenes Verfahren bei der Berechnung anwendet, kann sich das „Elterngeld-Netto" allerdings vom Nettoeinkommen auf der Lohn- oder Gehaltsabrechnung unterscheiden. Denn es werden nicht nur Steuern, Sozialabgaben und Kinderfreibeträge vom Bruttoeinkommen abgezogen, sondern auch ein Zwölftel der Werbungskostenpauschale; daher die Abweichung.

Wie Nettoeinkommen und Elterngeld-Netto abweichen

Bruttoeinkommen:	3500 Euro
Nettoeinkommen:	2636,75 Euro (Steuerklasse 3)
Elterngeld-Netto:	2500 Euro
Elterngeld:	1625 Euro

Maximal werden 2770 Euro des Elterngeld-Nettos berücksichtigt. Dadurch ist die Höhe der Zahlung auf 1800 Euro begrenzt. Bei einem niedrigen Einkommen können aber durchaus mehr als 65 Prozent gezahlt werden. Bis zu 100 Prozent sind möglich, mindestens jedoch 300 Euro (Stand 2024). Eltern mit einem zu versteuernden Jahreseinkommen in Höhe von 200000 Euro haben keinen Anspruch auf die staatliche Unterstützung.

Das ElterngeldPlus ist eine Alternative. Damit sollen Väter und Mütter unterstützt werden, die versuchen, beides zu kombinieren: arbeiten und nach der Geburt für das Kind da sein. Es geht also darum, anstelle eines „Entweder-oder" Familie und Beruf schon früh besser zu vereinbaren. Hier kommt das ElterngeldPlus ins Spiel. Es soll den Einkommensverlust mildern, der durch eine Reduzierung der Arbeitszeit entsteht. Basis für die Berechnung ist der Verdienstausfall durch die Teilzeit. Das ElterngeldPlus entspricht 65 Prozent dieser Summe. Allerdings kann das ElterngeldPlus höchstens halb so hoch wie das Basiselterngeld sein, das den Eltern zustehen würde. Das heißt: Würde sich rechnerisch eine höhere Summe ergeben, wird die Zahlung bei maximal 50 Prozent des Basiselterngelds gedeckelt. Wer also seine Stundenzahl stark reduziert, bekommt dadurch keine höhere staatliche Unterstützung.

Zwei Beispielrechnungen verdeutlichen die Folgen: Nadja hat in den zwölf Monaten vor der Geburt 2000 Euro netto verdient. Ihr Basiselterngeld würde also auf Basis einer vereinfachten Rechnung rund 1300 Euro betragen (65 Prozent von 2000 Euro). Aber Nadja will nach der Geburt wieder arbeiten und entscheidet sich daher fürs ElterngeldPlus. Sie rechnet durch: Reduziert sie ihre Arbeitszeit stark, liegt ihr Einkommen bei 500 Euro netto. Der Verdienstausfall beläuft sich also auf 1500 Euro. Diese Differenz ist die Basis für die Berechnung des ElterngeldPlus. Das heißt, sie würde theoretisch eine Unterstützung in Höhe von 975 Euro erhalten (65 Prozent von 1500 Euro). Da das ElterngeldPlus aber nicht höher sein kann als die Hälfte des Basiselterngelds, würde Nadja in diesem Fall nur 650 Euro erhalten. Aber was wäre, wenn Nadja ihre Arbeitszeit so reduziert, dass sie 1200 Euro verdient? Dann läge ihr Verdienstausfall bei 800 Euro. Das ElterngeldPlus würde also bei 65 Prozent dieser Summe liegen, das heißt, bei 520 Euro. Das liegt unter ihrer Höchstgrenze von 650 Euro. Entscheidet sich Nadja also für diese Variante, würde sie 520 Euro erhalten.

Die Begrenzung des ElterngeldPlus auf die Hälfte des Basiselterngelds, das heißt, auf mindestens 150 Euro bis maximal 900 Euro, wird durch die längere Bezugsdauer ausgeglichen: Es wird doppelt so lange gezahlt. Bis zu 28 Monate können Vater und Mutter diese Unterstützung insgesamt beziehen, wenn sie auch die vier Partnerschaftsmonate nutzen. In dieser Zeit arbeiten beide Eltern gleichzeitig zwischen 24 und 32 Wochenstunden und erhalten auch beide die Finanzhilfe. Insgesamt ist daher die staatliche Unterstützung im Prinzip gleich hoch wie beim Basiselterngeld. Tatsächlich springt im ElterngeldPlus jedoch mehr heraus, wenn Vater oder Mutter kurz nach der Geburt wieder in Teilzeit arbeiten gehen wollen. Denn im Basiselterngeld mindert der Zuverdienst die Höhe der Zahlung, ohne dass es zu einem Ausgleich über eine längere Bezugsdauer kommt. Das kann leicht mehrere Tausend Euro an Unterstützung ausmachen, wie die folgende Beispielrechnung zeigt. Rein ökonomisch betrachtet ist das ElterngeldPlus daher die bessere Alternative, wenn nebenbei gearbeitet werden soll.

Beispiel: Frank verdiente vor der Geburt seiner Tochter 1500 Euro im Monat. Sein Elterngeldanspruch beträgt also vereinfacht gerechnet 975 Euro im Monat. Er möchte wieder Teilzeit arbeiten gehen. Sein Teilzeiteinkommen beträgt 600 Euro. Die Einkommensdifferenz beträgt also 900 Euro. Frank überlegt, ob er das Basiselterngeld oder das ElterngeldPlus wählen soll. Im Basiselterngeld wäre die monatliche Unterstützung mit 585 Euro zwar höher (65 Prozent von 900 Euro) als im ElterngeldPlus, das bei 487,50 Euro gedeckelt ist. Das Basiselterngeld kann Frank aber, wie beschrieben, nur maximal zwölf Monate beziehen. Länger wird es an ein Elternteil nicht bezahlt. In Summe würde er also 7020 Euro erhalten. Das ElterngeldPlus fließt dagegen doppelt so lang, also 24 Monate. Damit käme Frank auf Zahlungen des Staates in Höhe von 11700 Euro. Mit dem ElterngeldPlus erhält der frischgebackene Vater also insgesamt 4680 Euro mehr an Unterstützung.

Basiselterngeld und ElterngeldPlus können kombiniert werden. Dabei gilt: Ein Monat Basiselterngeld entspricht zwei Monaten ElterngeldPlus. Beides kann auch parallel bezogen werden, sogar länger als einen Monat. Hier gibt es also nicht die Beschränkung, wie sie beim gleichzeitigen Bezug des Basiselterngelds gilt (siehe auch S. 94).

Flexible Lösungen beim Elterngeld

Der Staat unterstützt Eltern, die nach der Geburt weniger arbeiten wollen, um mehr Zeit für ihr Kind zu haben. Basiselterngeld und ElterngeldPlus lassen sich vielfältig kombinieren, wie diese Beispiele zeigen. Dabei gilt: Ein Monat Basiselterngeld entspricht zwei Monaten ElterngeldPlus.

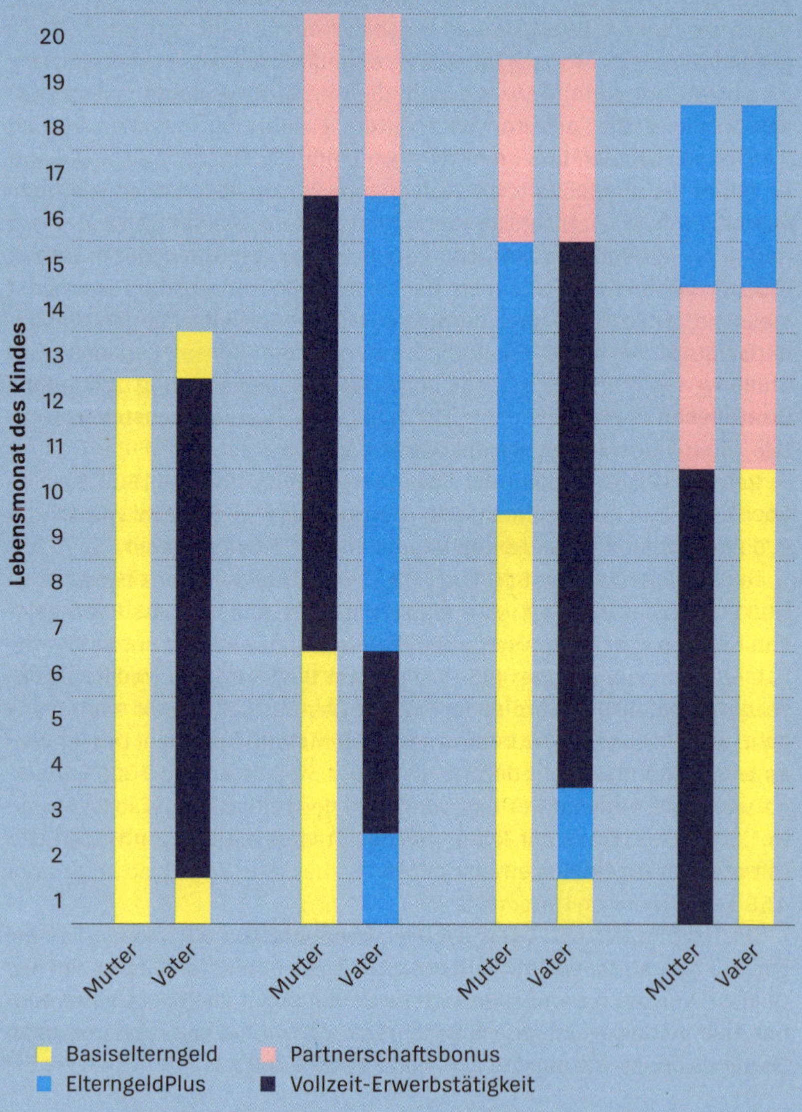

ELTERNGELD SELBST BERECHNEN. Sowohl für die Berechnung des Basiselterngelds als auch des ElterngeldPlus gibt es im Internet gute Rechner, die Ihnen in Ihrem individuellen Fall helfen können. So stellt zum Beispiel das Bundesfamilienministerium auf der Internetseite familienportal.de einen Rechner zur Verfügung, der Ihnen Auskunft über die voraussichtliche Höhe der Unterstützung gibt.

Mit ein bisschen Planung lässt sich das Elterngeld optimieren, zumindest für Verheiratete. Da für die Berechnung nicht das Bruttoeinkommen entscheidend ist, sondern, wie beschrieben, das Nettoeinkommen, ist die Wahl der Steuerklasse ein wichtiger Einflussfaktor. Wie Sie im Kapitel „Ehe und die Folgen" erfahren haben, sind in Steuerklasse 5 die Abzüge besonders hoch. Das Nettoeinkommen fällt entsprechend kleiner aus und damit später auch das Elterngeld. Vorteilhafter ist Steuerklasse 3: Hier ist das Nettogehalt höher. Es kann daher Sinn ergeben, wenn der angedachte Bezieher des Elterngelds in den zwölf Monaten vor der Geburt, die für die Berechnung entscheidend sind, von Steuerklasse 5 in Steuerklasse 3 wechselt. Der Unterschied ist nennenswert: Bei einem Bruttogehalt in Höhe von zum Beispiel 3000 Euro (kirchensteuerpflichtig) beträgt das Elterngeld bei Steuerklasse 5 rund 1014 Euro. Galt im Betrachtungszeitraum vor der Geburt hingegen Steuerklasse 3, sind es über 1400 Euro. Ein rechtzeitiger Wechsel der Steuerklasse würde also in diesem Beispiel das Elterngeld um gut 40 Prozent erhöhen.

Der Steuerklassenwechsel muss rechtzeitig vor der Geburt beim Finanzamt beantragt werden. Werdende Mütter müssen spätestens sieben Monate vor Beginn des Mutterschutzes die Steuerklasse wechseln, Väter sieben Monate vor Beginn des Geburtsmonats. Ein solcher Wechsel der Steuerklasse ist relativ einfach und mehrfach im Jahr möglich. Es geht zum Beispiel online bei Elster oder mit einem Formular des Finanzamtes. Zwar steigen mit dem Wechsel der Steuerklasse die Lohnsteuerabzüge beim anderen Partner. Das ist aber im Prinzip kein Problem. Zu viel gezahlte Lohnsteuer können Sie sich später einfach über die Einkommensteuererklärung zurückholen.

Den finanziellen Spielraum ausloten

Trotz der staatlichen Unterstützung bleibt es dabei: Sie haben weniger Geld zur Verfügung, wenn Sie sich für eine Auszeit nach der Geburt oder für eine Reduzierung der Stundenzahl entscheiden. Aber bei guter Planung können Sie abschätzen, wie hoch die Zusatzkosten sind, wo Sie

Sparpotenzial bei Ihren Ausgaben haben, mit welchem Einkommensverlust Sie rechnen müssen und wie hoch die staatliche Unterstützung ist. Diese Informationen sind wichtig. Denn sie helfen Ihnen auszuloten, welche Möglichkeiten und welchen Gestaltungsspielraum Sie haben. Klären Sie dafür als dritten Teil des Finanzchecks die folgenden drei Fragen. Von Ihren Antworten hängt ab, welche Optionen Sie beruflich und finanziell nach der Geburt Ihres Kindes haben. Das heißt, Sie haben eine Diskussionsbasis:

FRAGE 1: Reicht das weiterlaufende Einkommen, um einen Großteil der Ausgaben zu decken?

Wenn Sie oder Ihr Partner in Elternzeit gehen wollen, ist das eine wichtige Frage, die Sie beantworten müssen. Ist das weiterlaufende Einkommen hoch genug, stehen Ihnen zumindest von finanzieller Seite her alle Möglichkeiten offen. Sie können für wenige Monate aussetzen oder auch für längere Zeit. Die laufenden Ausgaben stehen dem zumindest nicht im Wege. Allerdings hat die Entscheidung langfristige finanzielle Folgen, die Sie bedenken sollten. Denn bei dauerhaft gesunkenen Einnahmen bleibt weniger Geld übrig, das Sie zurücklegen können. Das kann Auswirkungen auf Ihre langfristigen Pläne haben. So können Sie zum Beispiel weniger für die Altersvorsorge sparen oder für die Erfüllung bestimmter Träume. Außerdem sinkt ohne Beiträge der gesetzliche Rentenanspruch (siehe auch S. 102).

FRAGE 2: Wie groß ist die Summe, die jeden Monat fehlt, wenn ein Elternteil eine Zeit lang gar nicht oder weniger arbeitet? Wie groß ist die Lücke, wenn beide eine Zeit lang nicht arbeiten oder weniger arbeiten?

Ergeben Ihre Berechnungen, dass in Ihrem Wunschszenario die Ausgaben die Einnahmen dauerhaft übersteigen, ist das erst einmal eine bittere Erkenntnis. Aber sie kann auch sehr hilfreich sein, weil sie Sie unter Umständen vor finanziellen Schwierigkeiten bewahrt. Denn jetzt haben Sie die Möglichkeit, im Vorhinein zu überlegen, wie Sie die Lücke schließen wollen, statt von Geldsorgen überrascht zu werden. Prüfen Sie zum Beispiel, wo Sie sparen können, um das Minus zu verkleinern. Diskutieren Sie, welchen Teil Ihrer Ersparnisse Sie verwenden wollen, um die Einnahmeverluste auszugleichen. Auf dieser Basis können Sie abwägen, wie lange und wie stark Sie beide oder einer von Ihnen die Arbeitszeit reduzieren wollen.

FRAGE 3: Wie wirken sich Elternzeit oder Teilzeit auf die langfristigen Einnahmen aus?

Hier blicken Sie über die erste Zeit nach der Geburt hinaus. Leider wirken sich in manchen Firmen Elternzeit oder Teilzeit immer noch negativ auf die Karriere aus. Werden Sie bei den nächsten Beförderungen übergangen, müssen Sie vielleicht Abstriche bei Ihren langfristigen finanziellen Zielen machen. Gehaltserhöhungen kommen dann nicht wie erhofft. Auch das sollten Sie bei Ihren Planungen in Betracht ziehen und entsprechend abwägen.

Ein Beispiel zur Verdeutlichung: Franka und Maik erwarten ihr erstes Kind. Es soll im Mai zur Welt kommen. Das junge Paar arbeitet Vollzeit. Das Geld reicht, um jeden Monat 500 Euro zu sparen. Inzwischen liegen rund 20 000 Euro auf einem Tagesgeldkonto. Franka verdient 2 000 Euro netto und würde gerne 15 Monate zu Hause bleiben, damit der Kleine dann zum Start des neuen Betreuungsjahres im September in die Krippe gehen kann. Maik würde gerne auch Elternzeit nehmen. Er fürchtet aber um seine Karrierechancen, weil er in einem sehr konservativen Unternehmen arbeitet. Franka und Maik machen den Finanzcheck. Das Basiselterngeld in Höhe von 1 245 Euro ist in Kombination mit dem Kindergeld in Höhe von 250 Euro im ersten Jahr hoch genug, um die laufenden Kosten zu decken. Nur sparen können die beiden leider nichts mehr. Nach dem Ende des Elterngeldes wird es schwieriger. Dem Paar fehlen jetzt im Monat rund 1 750 Euro. Da sie aber über ausreichend Ersparnisse verfügen, können sie die Zeit bis zu Frankas Rückkehr in den Beruf nach der Krippeneingewöhnung ohne größere Einschränkungen überbrücken.

Machen Sie diesen Finanzcheck möglichst frühzeitig, am besten sogar schon während der Kinderplanung. In der Schwangerschaft können Sie ihn dann noch einmal aktualisieren. So wissen Sie, welches Familienmodell Ihr Budget hergibt. Überlegen Sie, was Ihre Prioritäten sind und was Sie für sich, eine glückliche Beziehung und Ihr Kind wirklich brauchen. Es ist wichtig, dass Sie sich – bevor das Kind unterwegs ist – bei zentralen Punkten einig sind. Das gilt nicht nur für die Frage, wo Sie möglicherweise bei Ihren Ausgaben Abstriche machen, sondern auch, wer beruflich zurücksteckt und wie Sie das untereinander kompensieren. Sie sind gut beraten, sich frühzeitig auszutauschen, mögliche Konflikte vorauszusehen und mit Offenheit und gegenseitigem Wohlwollen zu besprechen.

Teilzeit ohne Reue

Wenn Sie beruflich für die Familie kürzertreten, sollten Sie die finanziellen Folgen für sich im Blick behalten. Ohne passende Vereinbarungen mit dem Partner kann sonst ein böses Erwachen drohen.

Wenn Sie Ihren Finanzcheck rund um Einnahmen und Ausgabe gemacht haben, sind Sie in Ihrer Planung schon ein ganzes Stück weiter. Sie wissen dann, welches Familienmodell Ihr Budget auf dem Papier hergibt. Sie haben ausgelotet, in welchem Umfang Elternzeit und Teilzeit möglich sind. Das ist ein wichtiger Schritt. Am Ende der Planungen sind Sie aber noch nicht.

Denn Sie dürfen nicht vergessen: Mit der Entscheidung für Elternzeit und später womöglich Teilzeit kommt ein austariertes System durcheinander. Sie hatten sich vorher alles schön aufgeteilt: Sie hatten geregelt, wie die Kosten aufgeteilt werden und wie viel Geld jeder zur freien Verfügung hat. Nun sinkt ein Einkommen oder fällt ganz weg, wenn ein Elternteil beruflich zurücksteckt, um sich ums Kind zu kümmern. Das heißt, Sie müssen besprechen, wie die Ausgaben auf die Einkommen verteilt werden und wer welchen Anteil übernimmt.

Zur Reduktion des Einkommens kommen schlechtere Karrierechancen und eine geringere Altersvorsorge. Es entsteht ein Ungleichgewicht zum Nachteil desjenigen, der die Care-Arbeit übernimmt. Eine kurze Auszeit ist meist kein Problem. Es ist die vielmehr die Dauer der Berufsunterbrechung: „Ein Jahr mehr oder weniger auf 40 Jahre Erwerbstätigkeit, das fällt nicht so stark ins Gewicht", sagt Claudia Müller vom Female Finance Forum. „Aber was daraus resultiert, ist definitiv messbar: Die Person, die mehr Elternzeit nimmt, kümmert sich auch im

Frauen in der Teilzeitfalle

Es sind vor allem Frauen, die nach der Geburt des ersten Kindes beruflich zurückstecken und einen Großteil der Betreuungsarbeit übernehmen. Dadurch sind sie meist finanziell schlechter gestellt – auch weil sie weniger verdienen. Das hat auch Folgen für die Rente.

Durchschnittlich verwendete Zeit für Kinderbetreuung

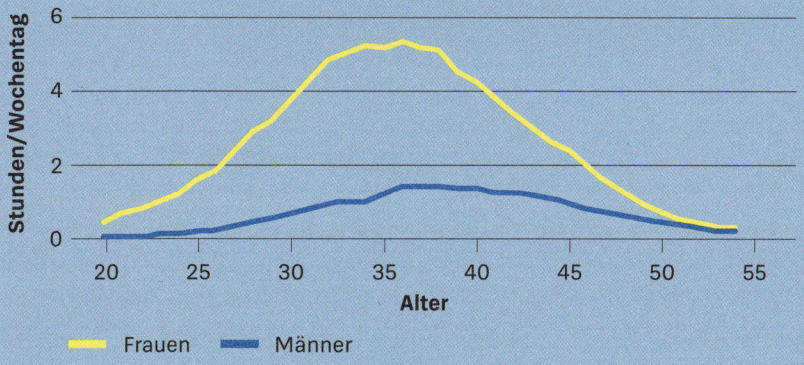

Quelle: Deutsches Institut für Wirtschaftsforschung, 2023

Wenige Väter arbeiten in Teilzeit

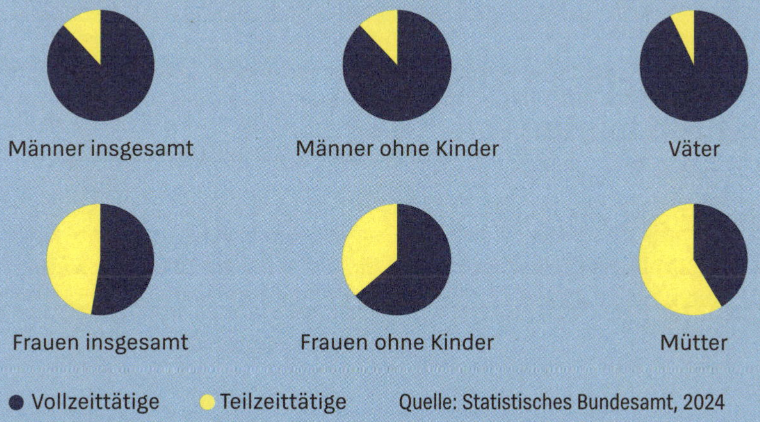

Quelle: Statistisches Bundesamt, 2024

Wachsender Unterschied beim Verdienst

Frauen kommen auf fast zehn Jahre weniger Versicherungszeit als Männer. Das wirkt sich negativ auf die Zahl der Entgeltpunkte aus, die sie bis zum Rentenbeginn ansammeln können. Sie erhalten im Schnitt eine gesetzliche Rente, die mehr als 400 Euro niedriger ist als im Durchschnitt der Männer.

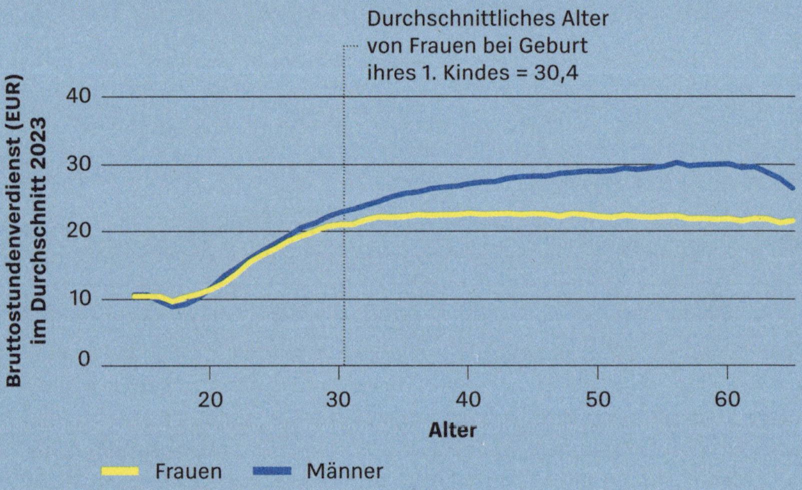

Quelle: Statistisches Bundesamt, 2024

»

Frauen zwischen 35 und 39 Jahren leisten mit rund neun Stunden pro Tag mehr als doppelt so viel Fürsorgearbeit wie gleichaltrige Männer.

«

31,9 Jahre

zahlen Frauen durchschnittlich in die Rentenversicherung ein.

41,6 Jahre

zahlen Männer durchschnittlich in die Rentenversicherung ein.

Anschluss mehr um das Kind. Das heißt: viel mehr Fehltage, weil das Kind krank ist, die Schließzeiten von Kita und Schulferien müssen berücksichtigt werden." Es ist deswegen nötig, dass Sie Ihre Geld-Beziehung neu aufstellen. Dabei geht es um Fragen wie Kompensation, Wertschätzung und Teilhabe.

AUSGABEN UND AUFGABEN. Gleichberechtigung und Wertschätzung zeigen sich nicht nur in der Aufteilung von Ausgaben. Reden Sie daher auch über die Verteilung der Aufgaben im Haushalt. Mit der Geburt des Kindes kommen viele neue hinzu. Seien Sie vorsichtig, dass keine Schieflage entsteht. Das birgt Konfliktpotenzial. Besprechen Sie also, wie für Sie unter Berücksichtigung von Arbeitszeiten eine faire Regelung aussieht, die Ihren Bedürfnissen gerecht wird.

Die Herausforderung dabei lässt sich gut mit Zahlen veranschaulichen (siehe auch S. 99). Es sind vor allem Frauen, die den Job hinten anstellen, wenn ein Kind kommt. Der sogenannte Gender-Hour-Gap, eine Kennzahl des Statistischen Bundesamtes, die den Unterschied in der durchschnittlichen Anzahl an bezahlten Arbeitsstunden im Monat angibt, steigt ab dem durchschnittlichen Alter bei der Geburt des ersten Kindes deutlich an: Während Frauen mit gut 30 Jahren häufig ihre Stundenzahl reduzieren, weiten viele Männer ihre Arbeitszeit aus. Am höchsten ist der Gender-Hour-Gap mit 23 Prozent bei Personen im Alter zwischen 39 und 41 Jahren (Angaben für 2022). Interessanterweise schließt sich die Lücke bis zur Rente kaum.

Die Unterschiede lassen sich auch an der Teilzeitquote ablesen: Der Anteil der Vollzeit tätigen Väter liegt laut Zahlen des Statistischen Bundesamtes bei fast 100 Prozent. Die Quote bei den Müttern beträgt hingegen nur etwas über 30 Prozent.

Das hat Auswirkungen aufs Einkommen. Während der Bruttostundenverdienst der Männer mit den Jahren immer weiter ansteigt, flacht die Kurve bei Frauen ab der Geburt des ersten Kindes deutlich ab. Die Unterschiede im Verdienst werden dadurch mit der Zeit immer größer: Im Alter von 30 Jahren liegt der Gender-Pay-Gap noch bei acht Prozent. Bei den 57- bis 61-Jährigen beträgt er dagegen 27 Prozent. Im Schnitt liegt er bei 18 Prozent (Stand: 2023). Der Abstand erklärt sich zwar auch dadurch, dass Frauen zum Beispiel oft in schlechter bezahlten Berufen arbeiten. Er ist aber auch Ausdruck der höheren Teilzeitquote.

Geringeres Einkommen bedeutet geringere Rente

Das geringere Einkommen hat Folgen bis in die Rente. Schließlich resultiert aus einem niedrigen Einkommen im Alter eine niedrigere Rente. Sie ist ein Abbild des Berufslebens. Denn ein wichtiger Faktor für die Rentenhöhe sind die Entgeltpunkte, die in den Jahren vor dem Ruhestand gesammelt werden. Für die Berechnung wird jedes Jahr das eigene Einkommen ins Verhältnis zum allgemeinen Durchschnittseinkommen gesetzt, wobei das Ergebnis bis auf vier Stellen nach dem Komma berechnet wird.

DAS VERHÄLTNIS ZÄHLT. Das Durchschnittseinkommen wird jedes Jahr neu ermittelt. Entspricht das eigene Einkommen dem Durchschnittseinkommen, wandert genau ein Entgeltpunkt aufs Rentenkonto. Ist es niedriger, sind es weniger als einer, ist es höher entsprechend mehr, wobei es eine Grenze gibt, bis zu welcher Höhe das Einkommen angerechnet wird.

Die Konsequenz daraus ist nicht nur, dass ein niedriges Einkommen zu weniger Entgeltpunkten führt. Stagniert das eigene Einkommen, während alle anderen mehr verdienen, wandern mit der Zeit immer weniger Punkte aufs Rentenkonto.

Im Alter wird dann die Summe der Entgeltpunkte mit dem Rentenwert multipliziert. Der Rentenwert wird jedes Jahr festgelegt und spiegelt die allgemeine Lohnentwicklung wider. Das Ergebnis dieser Multiplikation ist unter Berücksichtigung einiger anderer Faktoren wie dem Renteneintrittsalter die Höhe der monatlichen Rente.

Mit einer vereinfachten Rechnung lässt sich verdeutlichen, wie sich Teilzeit auf die Rentenhöhe auswirkt: Franziska verdient 35 Jahre lang genau das Durchschnittseinkommen. Sie sammelt in dieser Zeit 35 Entgeltpunkte an. Daraus ergibt sich bei einem Rentenwert von 39,32 Euro (Stand: 1.7.2024) eine Rentenhöhe von rund 1376 Euro im Monat. Wenn Franziska von ihren 35 Arbeitsjahren 20 Jahre lang ihre Arbeitszeit auf 50 Prozent reduziert und nur noch die Hälfte des allgemeinen Durchschnittseinkommens verdient, wandern für diese Zeit jedes Jahr nur 0,5 Entgeltpunkte auf ihr Rentenkonto. Im Ergebnis hat sie dann nur 25 Punkte gesammelt, 15 Entgeltpunkte für die 15 Jahre Vollzeit und 10 Punkt für die 20 Jahre Teilzeit. Ihre Rente beträgt dadurch nur 983 Euro. Wenn Sie sich selbst ein Bild machen möchten, wie viele Entgeltpunkte Sie mit Ihrem Gehalt gerade sammeln: Der endgültige Wert fürs Durchschnittseinkommen für 2024 lag bei Redaktionsschluss zwar noch nicht vor. Die Rentenversicherung gibt allerdings 45 358 Euro als vorläufigen Wert an.

Verlieren Sie den Rentenaspekt bei Ihren Planungen nicht aus dem Auge. Angesichts hoher Betreuungskosten, insbesondere, wenn Sie mehrere Kinder haben, kommen Sie vielleicht zu dem Ergebnis, dass es sich nicht lohnt, arbeiten zu gehen. Schließlich können die Kosten unterm Strich fast so hoch sein wie das Einkommen. Bedenken Sie aber, dass sich die gearbeiteten Jahre zumindest im Alter auszahlen.

Natürlich zeigt der Blick auf solche Zahlen nur eine Seite. Nicht messbar sind die vielen schönen Erlebnisse mit Ihrem Kind, auf die der arbeitende Partner verzichten muss. Allerdings wäre es gefährlich, diese gemeinsamen Stunden als ausreichende Kompensation anzusehen. Kindererziehung ist anstrengend, und nicht immer läuft alles harmonisch. Auf manche Erlebnisse kann man getrost verzichten. Eine wichtige Frage sollten Sie zudem bedenken: Was ist, wenn die Beziehung nicht hält?

Die Folgen von Trennung und Scheidung

Zerbricht eine Beziehung, kann das zu einer großen Lücke in der Altersvorsorge führen. Es ist daher wichtig, die Beziehung vom Ende her zu denken.

Solange Sie als Paar gemeinsam alt werden, ist es nüchtern betrachtet kein Problem, wenn die Einkommen unterschiedlich ausfallen und jeder in seiner Rolle zufrieden ist. Der eine sorgt für den anderen mit. Und später kommt es in aller Regel nicht auf die einzelne Rente an, sondern auf das Haushaltseinkommen, das heißt, wie viel Geld dem Paar zusammen zur Verfügung steht. Im Falle einer Trennung oder Scheidung sieht es jedoch anders aus: Zwar gibt es den Kindesunterhalt. Gesetzliche Ansprüche auf eine Altersversorgung im Trennungsfall von Unverheirateten bestehen aber nicht, genauso wenig wie ein Unterhaltsanspruch des

Expartners. Und auch wenn eine Ehe zerbricht, sind die Unterhaltszahlungen im Scheidungsfall an den Ex-Mann oder die Ex-Frau inzwischen stark eingeschränkt (siehe „Ehe und die Folgen", ab S. 55). Immerhin werden zwar – sofern in einem Ehevertrag nichts anders vereinbart ist – normalerweise alle Rentenansprüche aus der Ehezeit geteilt, gesetzliche, betriebliche und genauso private („Versorgungsausgleich"). Das heißt zum Beispiel im Falle der gesetzlichen Rente konkret, dass die in der Ehe erworbenen Entgeltpunkte aufgeteilt werden.

Doch was fair klingt, kann je nach Alter nicht ausreichend sein. „Sind die Paare jung, gibt es kaum etwas zu teilen und beiden Partnern stehen die Karrieren noch offen. Sie können sich eigenverantwortlich eine Altersvorsorge aufbauen", sagte Sandra Lathe, Fachanwältin für Familienrecht, im Finanztest-Interview. „Bei Rentnern ist die Ernte sozusagen eingefahren und es wird gerecht geteilt." Problematisch ist es aber bei einer Trennung im mittleren Alter. „Probleme haben die, die für die Familie im Job zurückstecken und sich auch nach der Scheidung hauptsächlich um die Kinder kümmern. Nach meiner Erfahrung starten sie beruflich selten noch richtig durch. Wenn man nicht aufpasst, klafft am Ende trotz Versorgungsausgleich eine große Lücke im Rentenkonto."

Der Staat tut schon manches, um die Folgen von Jobpausen wegen Kindererziehung für die Rente abzumildern. Mütter oder Väter können sich bei ihrer Rente für jedes Kind Kindererziehungszeiten gutschreiben lassen. Selbst wenn sie nicht arbeiten, wird dabei unterstellt, sie hätten drei Jahre lang Rentenbeträge aus einem Durchschnittseinkommen eingezahlt. Das heißt, es wandern drei Entgeltpunkte aufs Rentenkonto. Bei einem Rentenwert von 39,32 Euro (Stand: 2024) macht das also rund 118 Euro mehr im Monat aus. Diese Erziehungszeiten müssen beantragt werden. Sie stehen dem Elternteil zu, der der sich in diesen drei Jahren überwiegend ums Kind gekümmert hat.

Aber die Hilfe dürfte nicht ausreichen, wenn die Unterbrechung länger dauert. Denken Sie deshalb die Beziehung durchaus auch einmal vom Ende her. Fragen Sie sich: Wie stehe ich da, wenn wir uns trennen? „Ein Mann ist keine Altersvorsorge", betitelte Finanzexpertin Helma Sick prägnant ihr im Jahr 2015 erschienenes Buch, in dem sie Frauen auffordert, sich um ihre finanzielle Unabhängigkeit zu kümmern. Natürlich sollten sich auch Männer nicht auf ihre Frau verlassen, und einiges hat sich seitdem getan. Trotzdem sind es weiterhin vor allem die Frauen, die die Care-Arbeit leisten und dafür finanzielle Einbußen in Kauf nehmen. Reden Sie mit Ihrem Partner darüber, wie sich solche Szenarien verhindern lassen und wie Sie sich gegenseitig absichern. Besprechen Sie offen und ehrlich, wie ein gerechter Leistungsausgleich aussehen könnte. Überlegen Sie gemeinsam Lösungen, die für Sie passen. Punkte, die Sie dabei besprechen können, sind:

Gleichberechtigung. Wie stellen wir sicher, dass wir weiterhin eine gleichberechtigte Beziehung führen, auch wenn einer von uns wegen der Care-Arbeit weniger Geld verdient?

Respekt. Wie sorgen wir dafür, dass die Care-Arbeit eine angemessene Wertschätzung erfährt?

Ausgleich. Wie kompensieren wir die Nachteile bei der Altersvorsorge, die dadurch entstehen, dass einer seine Stundenzahl reduziert und weniger arbeitet?

Unterstützung. Wie ermöglichen wir dem Partner, der sich überwiegend um die Betreuung des Kindes und die Arbeiten im Haushalt kümmert, wieder mehr zu arbeiten?

Sicherheit. Wie sichern wir denjenigen ab, der die Care-Arbeit leistet, damit er oder sie im Trennungsfall nicht allein die finanziellen Folgen der Care-Zeit tragen muss?

Auf viele dieser Fragen gibt es keine pauschalen Antworten. Sie können sehr individuell ausfallen – je nachdem, welche Regelung für Sie funktioniert. So berichtete ein Paartherapeut von der Vereinbarung eines Paares, die besagte, dass der Mann seiner Frau jedes Mal 150 Euro Strafe zahlt, wenn er am Wochenende ausschläft, anstatt sich um das Kind zu kümmern. Klingt ungewöhnlich, aber beide Seiten waren damit zufrieden.

Es gibt ein paar Ansätze, die ein guter Ausgangspunkt für die Suche nach einer Lösung sein können. Sie können für mehr Gleichberechtigung sorgen und eine finanzielle Abhängigkeit eines Partners verhindern. Klopfen Sie die folgenden Punkte gemeinsam ab und schauen Sie, ob etwas für Sie dabei ist. Wichtig ist, dass Sie darüber sprechen, bevor das Kind unterwegs ist. Es wäre fatal, wenn Sie in der Schwangerschaft feststellen, dass Sie ganz unterschiedliche Vorstellungen davon haben, wie es nach der Geburt weitergeht.

Schauen Sie sich Ihr Kontomodell an

Stellen Sie Ihr Konto-Arrangement auf den Prüfstand und denken Sie noch einmal drüber nach. Überlegen Sie: Passt es noch zur neuen Situation? Schließlich wird Ihre Beziehung noch einmal vertieft, wenn Sie Eltern werden und Nachwuchs erwarten. Ist da zum Beispiel ein Zwei-Konten-Modell, das Ihre Finanzen strikt trennt, das richtige? Funktioniert das gewählte Modell wie bisher, wenn ein Einkommen wegfällt oder stark sinkt? Ist es noch richtig, die Einkommen als Einzelleistung zu sehen, wenn der eine sein Einkommen nur erzielen kann, weil der andere die Care-Arbeit übernimmt? Sollte man da nicht besser von einem Familieneinkommen sprechen? Diskutieren Sie diese Fragen.

Das Konzept eines Familieneinkommens bietet den Vorteil, dass nicht mehr unterschieden wird, wer wie viel beisteuert. Wer Teilzeit arbeitet oder gerade in Elternzeit ist, muss sich nicht benachteiligt fühlen. Care-Arbeit wird der Erwerbsarbeit gleichgestellt.

In der Umsetzung kann es dann so aussehen, dass beide Einkommen auf dasselbe Konto fließen. Von dort können Sie das Geld dann auf verschiedene Unterkonten für unterschiedliche Ausgaben verteilen. Zusätzlich kann sich jeder jeweils ein persönliches Unterkonto einrichten, auf das ebenfalls ein Teil des Geldes fließt. Wenn Sie das Konzept des Familieneinkommens konsequent umsetzen, ist dieser Betrag gleich groß. So hat jeder sein eigenes Geld, über das er frei verfügen kann – unabhängig davon, wie viel er gerade zum Familieneinkommen beisteuern kann.

ÜBERDENKEN. Schauen Sie sich die Modelle im Kapitel „Finanzen gemeinsam organisieren", auf der Seite 25 noch einmal an. Wägen Sie die Vor- und Nachteile in Anbetracht der neuen Situation erneut ab, und entscheiden Sie gemeinsam, mit welchem Modell Sie sich beide wohlfühlen.

Aufteilung der Teilzeit

Wer sagt, dass nur ein Elternteil Teilzeit arbeiten muss? Die beruflichen Nachteile und Einbußen bei der Rente werden umso größer, je länger die Reduzierung dauert. Es ist nicht die Auszeit an sich, die sich negativ auswirkt, sondern die Dauer.

Um die Nachteile zu mindern, können Sie überlegen und durchrechnen, ob Sie sich die angedachten Teilzeitjahre aufteilen. Erst reduziert sie, dann er – oder umgekehrt. So trägt nicht nur einer die Belastungen der Care-Arbeit. Und natürlich hat so jeder auch die Chance, eine Zeit lang intensiv am Leben des Kindes teilzuhaben. Gleichzeitig wird Ihr Kind so auf kein Rollenbild festgelegt. Es sieht, dass sowohl Papa als auch Mama einen Beruf haben und diesen ausüben. Genauso sieht es, dass sich nicht Mama, sondern auch Papa um den Haushalt kümmert.

Die Regelungen zur Brückenteilzeit können dabei hilfreich sein. Denn sie machen den Einstieg und den Ausstieg aus der Teilzeit gut planbar: Der Arbeitgeber muss in der Regel dem Wunsch nach Teilzeit zustimmen, einer Erhöhung der Arbeitszeit aber nicht unbedingt. Es besteht damit das Risiko, dass Sie nicht wie gewünscht Ihre Stundenzahl wieder steigern können. Hier setzt die Brückenteilzeit an. Sie legen vorher fest, wie lange Sie Ihre Arbeitszeit verringern wollen. Ein Zeitraum von ein bis maximal fünf Jahren ist möglich. Beim Umfang der Reduzierung sind Sie frei, es gibt keine Mindestarbeitszeit. Wenn die Phase der Brückenteilzeit endet, arbeiten Sie wieder wie vorher. Es wird also verhindert, dass jemand unfreiwillig weniger arbeiten muss. Mit wenigen Ausnahmen kann jeder Arbeitnehmer von der Brückenteilzeit profitieren, wenn der Betrieb mindestens 45 Angestellte hat. Sie muss mindestens drei Monate vor Beginn beim Arbeitgeber beantragt werden. Mehr Informationen über das Recht auf Brückenteilzeit finden Sie unter anderem auf der Internetseite des Bundesarbeitsministeriums. Geben Sie dafür in der Suchmaske „Brückenteilzeit“ ein.

AUSGLEICHSZAHLUNGEN DES PARTNERS. Wer weniger arbeitet, hat weniger Geld für die Altersvorsorge. Eine Lösung dafür kann sein, dass der Vollzeitbeschäftigte einspringt und zum Beispiel die Raten für den ETF-Sparplan übernimmt – als finanziellen Ausgleich für die Care-Arbeit. Unverheiratete Paare dürfen bei dieser Lösung allerdings die Schenkungssteuer nicht aus dem Blick verlieren. Sie greift, sobald die Zuwendungen 20 000 Euro innerhalb von zehn Jahren überschreiten.

Absicherung über einen Ehe- oder Partnerschaftsvertrag

Ein Ehevertrag kann nicht nur dazu dienen, das Vermögen im Scheidungsfall zu schützen (siehe „Ehe und die Folgen“, ab S. 55). Er bietet auch die Möglichkeit, passende Vereinbarungen für die Absicherung des Partners zu treffen, der die Care-Arbeit übernimmt und die im Trennungsfall über die gesetzlichen Regelungen hinausgehen. So können Sie etwa freiwillige Unterhaltszahlungen festhalten. Sie können vereinbaren, dass Unterhalt an den Expartner zum Beispiel bis zum Schuleintritt des Kindes gezahlt wird. Gesetzlich vorgesehen sind Zahlungen nur bis zum dritten Geburtstag, weil ab dann das Kind in den Kindergarten gehen könnte. Auch die Höhe der Zahlungen können Sie regeln. Das gibt dem Expartner mehr Zeit, sich nach einer Trennung beruflich neu zu orientieren. Die Nachteile von Teilzeit oder Auszeit für die Karriere und das Einkommen können so kompensiert werden. Der Partner muss auf diese Weise weniger Angst haben, dass die Zeiten der Kindererziehung im Trennungsfall zum Risiko für ihn werden.

ABSICHERUNG OHNE EHE. Auch Unverheiratete können solche Vereinbarungen treffen. In diesem Fall werden sie nur nicht in einem Ehevertrag festgehalten, sondern in einem Partnerschaftsvertrag. Im Unterschied zum Ehevertrag ist bei einem Partnerschaftsvertrag vielfach kein Notar notwendig. Vereinbarungen zum Unterhalt können Sie alleine treffen. Allerdings kann eine notarielle Beurkundung sinnvoll sein, um die Regelungen im Streitfall einfacher durchsetzen zu können.

Berücksichtigen Sie bei alledem aber auch die Wünsche und Bedürfnisse desjenigen, der weiterhin in Vollzeit arbeitet und die Hauptverantwortung für das Familieneinkommen trägt. Auch das kann belastend und anstrengend sein. Nicht nur in mangelnder Wertschätzung für Care-Arbeit liegt Konfliktpotenzial für eine Beziehung, sondern auch hier. Streit kann sich zum Beispiel daran entzünden, dass der Hauptverdiener aus Angst vor Gehaltseinbußen in einem frustrierenden Arbeitsumfeld bleibt, anstatt einen schlechter bezahlten, aber erfüllenden Job anzunehmen. Oder daran, dass er laufend Überstunden machen muss, um genug Geld zu verdienen.

Vergessen Sie daher bei Ihren Gesprächen den Perspektivwechsel nicht und reden Sie auch darüber. Zum Beispiel können Sie bei einer solchen Unterhaltung die Frage diskutieren, wie der Hauptverdiener weniger arbeiten kann, um mehr Zeit für die Familie zu haben. Auch hier sind beide gefordert, Lösungen für eine gleichberechtigte Partnerschaft zu finden.

Werden Sie zu Geld-Vorbildern für Ihr Kind

Ob bei der Geldanlage oder beim Umgang mit Geld – schon in der Kindheit werden die Weichen für später gestellt. Es ist gar nicht so schwer, hier wichtige Grundlagen zu schaffen.

Wenn Sie Eltern werden, schließt sich ein Kreis. Erinnern Sie sich noch an den Selbsttest aus unserem ersten Kapitel? Eine der Aussagen, über die Sie nachdenken sollten, war „Meine Eltern sind in Geldfragen ein Vorbild für mich." Wo haben Sie Ihr Kreuz gemacht? Bei „voll und ganz"? Dann haben Sie schon einen ganz guten Leitfaden für Ihre eigene Kindererziehung. Traf eher das Urteil „gar nicht" zu, haben Sie jetzt die Chance, es besser zu machen als Ihre Eltern.

Ihnen obliegt damit eine besondere Verantwortung. In der Kindheit wird der Grundstein für ein gesundes Verhältnis zum Geld gelegt. Die Werte und Glaubenssätze, die Sie als Eltern vermitteln, werden Ihr Kind prägen und auch einen Einfluss auf seine späteren Beziehungen haben.

Es beginnt damit, dass Sie besprechen, welche Werte Sie in Ihrer Erziehung vertreten möchten, im Allgemeinen, aber auch bezogen auf Geld. Sind es Großzügigkeit, Sparsamkeit, Disziplin? Soll Geld für Sicherheit, Freiheit und Unabhängigkeit stehen? Ist es wichtig oder einfach nur notwendig? Leben Sie diese Werte vor. Kinder schauen sich viel ab, auch im Umgang mit Geld. Wenn Sie vermitteln, dass man sich alle Wünsche sofort erfüllt, wird das einen Einfluss haben. Wenn Sie auf Sachen verzichten, weil Sie für die Erfüllung eines Wunsches sparen, ebenso.

Leben Sie aber nicht nur den richtigen Umgang mit Geld vor. Führen Sie Ihr Kind auch an das Thema heran. Das ist auf verschiedenen Wegen möglich. Der eine ist, Ihren Sohn oder Ihre Tochter mit einzubeziehen.

NICHT TABUISIEREN. Pflegen Sie einen offenen Umgang mit dem Thema Geld. Erklären Sie etwa, warum Sie für manche Dinge bereit sind, mehr auszugeben, bei anderen hingegen weniger. Erläutern Sie, warum Sie auf etwas verzichten, wenn Sie auf etwas Größeres sparen.

Und natürlich ist es gut, wenn Sie kindgerecht Fragen rund ums Geld beantworten: Warum fährt der Nachbar ein größeres Auto als Sie? Warum machen Sie dreimal im Jahr einen schönen Urlaub, der Freund Ihres Sohnes mit seiner Familie aber nur einmal? All das hilft Ihrem Kind, Dinge und Zusammenhänge besser zu verstehen.

Ein anderer Weg ist, Ihrem Kind selbst Erfahrungen mit Geld zu ermöglichen. Mit Taschengeld kann es lernen, sein Geld einzuteilen und damit auszukommen. Außerdem gewinnt es damit ein Stück Unabhängigkeit und kann sich Wünsche erfüllen, ohne dafür extra um Erlaubnis zu bitten. Bei der Höhe des Taschengeldes können Sie sich zum Beispiel an den Empfehlungen orientieren, die das Deutsche Jugendinstitut (DJI) auf seiner Webseite veröffentlicht und alle vier Jahre aktualisiert.

Zugleich ist das Thema Taschengeld für Sie als Eltern noch einmal eine Gelegenheit, über Sparen, Planen und den emotionalen oder finanziellen Wert von Dingen zu sprechen. Wenn Ihr Sohn oder Ihre Tochter nicht mit dem Taschengeld auskommt, können Sie gemeinsam die Situation analysieren und zum Beispiel über eine bessere Einteilung des Geldes reden. Auch Nebenjobs können angesprochen werden – oder wie man überzeugend verhandelt, um ein höheres Taschengeld zu erhalten.

Richtig sparen fürs Kind

Während das Thema Taschengeld noch etwas Zeit hat, stellt sich bei vielen Eltern schon bald nach der Geburt die Frage, wie sie Geld zurücklegen, um zum Beispiel ihrem Kind später beim Start ins Erwachsenenleben zu helfen oder auch, um einen Auslandsaufenthalt zu ermöglichen.

Ein Sparbuch ist für solche Fälle zwar beliebt, in aller Regel aber wenig empfehlenswert. Zwar liegt das Geld hier sehr sicher, die Rendite ist jedoch äußerst bescheiden. Vor allem, wenn Sie das Geld viele Jahre unangetastet lassen wollen, gibt es smartere Alternativen für den Vermögensaufbau. Bei einem langen Anlagehorizont von zehn Jahren und mehr bietet sich eine Investition an der Börse in ETF an. Hier haben Sie die Aussicht auf eine gute Rendite bei überschaubaren Risiken. Voraussetzung: Sie investieren in einen ETF, der möglichst breit diversifiziert viele Unternehmen aus vielen Branchen und Ländern abdeckt. Das ist mit Welt-ETF auf Indizes wie dem MSCI World möglich. Im Anhang finden Sie eine Auswahl an ETF, die unsere Experten von Finanztest mit „1. Wahl" bewerten. Natürlich kann es auch da Rückschläge geben, die Börse ist keine Einbahnstraße. Die Vergangenheit hat aber gezeigt, dass solche Welt-ETF über die Jahre noch jeden Kurseinbruch aufgeholt haben (siehe auch "Gemeinsam alt werden", ab S. 114).

DAS GELD WACHSEN LASSEN. **Schon mit kleinen, regelmäßigen Beträgen können Sie auf diese Weise eine ansehnliche Summe für Ihr Kind ansparen. Wenn Sie über einen Sparplan jeden Monat 50 Euro bei einer Durchschnittsrendite von jährlich sechs Prozent einzahlen, kommen nach 18 Jahren rund 19.000 Euro zusammen. Mit der Einzahlung von Geldgeschenken, die das Kind aus der Verwandtschaft vielleicht zum Geburtstag oder zu Weihnachten bekommt, vergrößert sich die Summe noch weiter.**

Vor- und Nachteile eines Kinderdepots

Sie müssen sich allerdings überlegen, ob Sie den Sparplan in Ihrem eigenen Depot eröffnen oder ein Kinderdepot anlegen. Bei einem Kinderdepot läuft das Wertpapierkonto direkt auf den Namen Ihres Kindes. Viele Banken bieten günstige Konditionen für solche Wertpapierdepots für Minderjährige an. Die Recherche unserer Experten von Finanztest zeigte, dass die Ausführung eines 50-Euro-Sparplans bei Targobank, Morgenfund, ING und Flatex sogar kostenlos ist (Finanztest 10/2023).

Die Eröffnung eines Kinderdepots kann steuerlich sinnvoll sein, weil das Kind dann seinen eigenen Sparerpauschbetrag in Höhe von 1000 Euro hat. Die Kapitalerträge des Depots mindern also nicht den Freibetrag der Eltern. Allerdings müssen Sie auch wissen, dass das Geld rechtlich Ihrem Kind gehört. Sie als Eltern verwalten es nur, bis Ihr Kind volljährig ist. Das heißt, Sie dürfen nicht darauf zugreifen und das Geld für sich selbst nutzen. Wenn Ihr Kind 18 Jahre alt wird, kann es alleine darüber bestimmen, was mit dem Geld passiert.

Sparen Sie als Eltern dagegen im eigenen Namen für Ihr Kind, behalten Sie die Kontrolle über das Geld. Sie können also flexibel entscheiden, wann Sie Ihrem Kind wie viel des Ersparten auszahlen. Ein Teil könnte zum Beispiel zum 18. Geburtstag fließen, ein weiterer Teil nach Ende der Ausbildung. Dafür wird Ihr Freibetrag allerdings auf dieses Depot angerechnet. Ein wichtiger Aspekt bei der Entscheidung „Kinderdepot oder nicht?" ist die BAföG-Grenze. Ein Vermögen des Kindes in Höhe von 15 000 Euro bleibt bei der Förderung unberücksichtigt. Was darüber liegt, wird angerechnet.

Eine Alternative zu einer Geldanlage mit ETF ist ein Festgeldkonto. Hier ist das Geld nicht den Schwankungen der Börse unterworfen. Der Preis für die Sicherheit ist jedoch eine geringere Renditechance. Dafür ist die Rendite meist gut kalkulierbar, weil der Zinssatz für eine fest vereinbarte Zeit gilt. Dabei bedeutet eine längere Laufzeit normalerweise eine bessere Verzinsung. Sie sollten allerdings bedenken, dass Sie innerhalb dieser Laufzeit nicht an das Geld herankommen. Sie müssen also einen guten Mittelweg finden – und auch mit einkalkulieren, dass sich die Zinsen in der Zwischenzeit nach oben wie nach unten ändern können. Das ist im Falle einer Wiederanlage wichtig. Auf test.de/festgeld finden Sie einen Überblick über die besten Angebote, der laufend aktualisiert wird.

Wichtig: Sie müssen sich bei der Geldanlage für Ihr Kind nicht für das eine oder das andere entscheiden. ETF-Sparplan und Festgeld schließen sich nicht aus. Sie können beides kombinieren und zum Beispiel einen regelmäßigen Sparplan einrichten und größere Geldzahlungen auf ein Festgeldkonto legen – ganz, wie es Ihren Vorstellungen und Ihrem Sicherheitsempfinden entspricht.

Anlageprodukte für Kinder über einen ETF-Sparplan oder ein Festgeldkonto hinaus wie zum Beispiel eine Ausbildungsversicherung empfehlen unsere Experten von Finanztest nicht.

Resümee

Kinder verändern nicht nur das Familienleben, sondern auch die Finanzplanung. Hier noch einmal kompakt die wichtigsten Punkte.

Zur Familienplanung gehört auch die Finanzplanung. Auch die Vorsorge für Sie und die Kinder sollte nicht zu kurz kommen. Viele neue Ausgaben und Extra-Ausgaben kommen auf die Eltern zu, weswegen die Budgets überarbeitet werden sollten. Das bedeutet aber nicht nur, die Kosten für Windeln und Babykleidung ins Haushaltsbudget einzuarbeiten. Wichtig ist auch zu berücksichtigen, dass die Einnahmen wegen Elternzeit und womöglich Teilzeit sinken. Rechnen Sie durch, wie lange Sie sich den Rückgang leisten können.

In der Elternzeit gleicht der Staat durch das BasisElterngeld und das ElterngeldPlus einen Teil des Einnahmerückgangs aus. Sie haben verschiedene Möglichkeiten, die Elternzeit gleichberechtigt zu gestalten und die Unterstützung zu erhalten.

Die Reduzierung der Stundenzahl hat weitreichende Folgen für den Partner, der viele Jahre in Teilzeit arbeitet. Er erwirbt weniger Rentenansprüche und ist daher im Trennungsfall eher von Altersarmut bedroht. Außerdem sinken die Karrierechancen und damit die Aussicht auf ein steigendes Einkommen. Sprechen Sie gemeinsam darüber, wie ein fairer Ausgleich für die geleistete Care-Arbeit aussieht.

Reden Sie nicht nur über einen Ausgleich für die Altersvorsorge, sondern auch schon für die Gegenwart. Denn weniger Einkommen bedeutet weniger finanzielle Teilhabe.

Schon in der Kindheit werden viele Weichen für den späteren Umgang mit Geld gestellt. Überlegen Sie daher, welche Geld-Werte Sie vermitteln wollen und werden Sie zu guten Finanz-Vorbildern für Ihr Kind.

Mit der richtigen Sparstrategie können Sie auch schon früh die Weichen für den Vermögensaufbau Ihres Kindes stellen. Ein Sparbuch ist wegen der geringen Rendite wenig empfehlenswert. Stattdessen bietet sich aufgrund des meist langen Anlagehorizonts eine Investition in breitstreuende ETF an. Dafür kann ein spezielles Kinder-Depot sinnvoll sein. Auch Festgeld kommt in Frage.

07

Gemeinsam alt werden

Sorgenfrei dem Ruhestand entgegensehen

In der Rente ist endlich Zeit für gemeinsame Reisen und viele andere Dinge, die während des Arbeitslebens zu kurz kamen. Die richtige Altersvorsorge lässt diese Pläne Wirklichkeit werden.

Mit welchen Gefühlen sehen Sie der Rente entgegen? Mit Freude, weil dann nicht mehr die Arbeit den Tag bestimmt? Oder mit Sorge, weil die Rente nicht reichen könnte? Wahrscheinlich ist es eine Mischung aus beidem. Bestimmt haben Sie in den Gesprächen über Ihre Vorstellungen von einem reichen, erfüllten Leben (siehe „Geld und Liebe", ab S. 4) auch über die Zeit nach der Arbeit gesprochen und darüber, welche Träume Sie haben und welche Wünsche Sie sich erfüllen wollen. Vielleicht sind es Reisen um die Welt, vielleicht aber auch einfach der Wunsch, entspannt in den Tag zu leben und sich immer mal wieder etwas zu gönnen.

Die Sorge, dass dafür das Geld nicht reichen könnte, ist leider berechtigt. Das durchschnittliche Rentenniveau beträgt rund 48 Prozent. Rentnerinnen und Rentner müssen also mit weniger als der Hälfte ihres Verdienstes im Alter auskommen. Davon muss auch noch ein immer größerer Teil versteuert werden. Deswegen ist, gerade wenn man große Pläne hat, die private Altersvorsorge wichtig. In der jährlichen Renteninformation rät die Deutsche Rentenversicherung selbst: „Da die Renten im Vergleich zu den Löhnen künftig geringer steigen werden und sich somit die spätere Lücke zwischen Rente und Erwerbseinkommen vergrößern wird, ist eine zusätzliche Absicherung für das Alter wichtig." Die Möglichkeiten, für das Alter Vermögen aufzubauen, sind zahlreich. Neben Aktien, worüber wir ausführlich ab Seite 117 sprechen, gibt es noch zahlreiche andere Möglichkeiten, von denen wir Ihnen hier drei kurz mit ihren Vor- und Nachteilen vorstellen.

Betriebsrente. Die Betriebsrente wird auch als „zweite Säule" der Alterssicherung bezeichnet. Hier können Arbeitnehmer über den Arbeitgeber fürs Alter vorsorgen. Häufig fließt dafür ein Teil des Bruttogehalts in einen Sparvertrag und der Arbeitgeber zahlt noch etwas dazu. Vorgeschrieben sind mindestes 15 Prozent des Beitrags. Das wirkt auf den ersten Blick attraktiv, auch weil der Arbeitnehmer in der Ansparphase durch das geringere Bruttogehalt weniger Steuern und Sozialabgaben zahlen muss. Allerdings fließt auf diesem Wege auch weniger Geld in die Arbeitslosen- und Rentenversicherung, was diese Leistungen schmälert. Außerdem muss die Betriebsrente im Alter voll versteuert werden – wenngleich der persönliche Steuersatz dann in der Regel wegen des geringeren Einkommens niedriger ist als zu Berufszeiten. Jedoch muss oberhalb eines Freibetrags der volle Satz für die Krankenversicherungsbeiträge bezahlt werden. Ein weiterer Wermutstropfen ist, dass der Arbeitgeber den Vertrag vorgibt, der unter Umständen teuer und unflexibel sein kann. Aus Sicht unserer Experten von Stiftung Warentest lohnt sich eine Betriebsrente vor allem dann, wenn der Arbeitgeber mehr als die verpflichteten 15 Prozent beisteuert.

Riester-Rente. Mit großen Hoffnungen startete die Riester-Rente vor gut 20 Jahren. Inzwischen ist aber Ernüchterung eingekehrt. Die Vorwürfe, dass die Riester-Rente teuer, bürokratisch und unflexibel sei, sind berechtigt. Allerdings darf man bei aller Kritik nicht vergessen, dass sich die Riester-Rente in manchen Fällen lohnen kann. Sie ist dank der staatlichen Zulagen vor allem für kinderreiche Familien interessant. Immerhin gibt der Staat 300 Euro pro Kind dazu (185 Euro für Kinder, die vor 2008 geboren sind). Außerdem sind Beiträge in Höhe von bis zu 2100 Euro steuerlich absetzbar. Für Kinderlose mit mittlerem Einkommen und junge Sparerinnen und Sparer ist ein Riester-Vertrag aus Sicht von Stiftung Warentest derzeit allerdings wenig attraktiv.

Private Rentenversicherung. Bei der klassischen privaten Rentenversicherung zahlt der Kunde monatlich oder jährlich einen festen Betrag ein. Davon zieht der Versicherer einen Teil als Kosten ab. Der Rest wird angespart und verzinst. Der Vorteil für den Kunden: Er muss sich nicht um die Geldanlage kümmern und kann meist mit einer lebenslangen, garantierten Zusatzrente kalkulieren. Das „Langlebigkeitsrisiko" ist damit geschützt. Allerdings sind die Verträge mit hohen Kosten verbunden und die Renditechancen gering. Versicherte müssen sehr alt werden, um ihre eingezahlten Beiträge wiederzubekommen. Das macht die private Rentenversicherung nach Meinung von Stiftung Warentest unattraktiv. Sie lohnt sich nur für Sicherheitsfanatiker, die mit Unsicherheit schwer umgehen können.

Mit Wertpapieren fürs Alter vorsorgen

Wer nach einer einfachen, kostengünstigen und renditestarken Form der Altersvorsorge sucht, kommt an der Börse praktisch nicht vorbei. Mit der richtigen Strategie muss man dabei kein großes Risiko in Kauf nehmen.

Wenn Sie an der Börse starten wollen, brauchen Sie ein Depot. Das ist eine Art Konto für Ihre Wertpapiere. Über Ihr Depot können Sie Ihre Börsengeschäfte tätigen, und hier werden Ihre Wertpapiere auch aufbewahrt. Gerade die sogenannten Neobroker oder auch Onlinebroker bieten Depots häufig sehr günstig an mit geringen Orderkosten und Gebühren. Unter test.de/depot können Sie die Angebote vergleichen.

Der Schlüssel für ein Investment mit geringem Risiko heißt Streuung, in der Fachsprache auch Diversifikation genannt. Dafür muss man verstehen, dass es an der Börse zwei große Arten von Risiken gibt.

Einzeltitelrisiko. Mit einzelnen Unternehmen kann immer etwas passieren. In der Geschichte wimmelt es von Unternehmen, die es nicht geschafft haben, ihre Geschäfte an geänderte Rahmenbedingungen, veränderte Märkte und neue Konkurrenz anzupassen und die deshalb nur noch ein Schatten ihrer selbst sind – mit entsprechenden Folgen für den Aktienkurs. Oder aber, noch schlimmer, die es gar nicht mehr gibt, weil sie pleitegegangen sind.

Marktrisiko. Es gibt Phasen an der Börse, in denen praktisch alles fällt. Ursachen dafür sind zum Beispiel Schocks wie die Finanzkrise oder die Coronapandemie. Selbst die Aktien von Unternehmen, die wirtschaftlich gut dastehen, sind dann nicht vor Verlusten geschützt.

Dieses Marktrisiko muss man als Anleger tragen. Dafür wird man – wenn es gut läuft – auch mit einer Rendite oberhalb des sicheren Tagesgeldkontos belohnt. Rendite und Risiko sind miteinander verbunden. Das Einzeltitelrisiko muss man aber nicht komplett tragen. Hier hilft es, zu

Welt-ETF im Vergleich

Breite Streuung und langer Anlagehorizont senken das Risiko an der Börse. Mit ETF auf Weltindizes investieren Sie auf einen Schlag über viele Branchen und Länder hinweg in mehr als tausend Unternehmen.

MSCI World

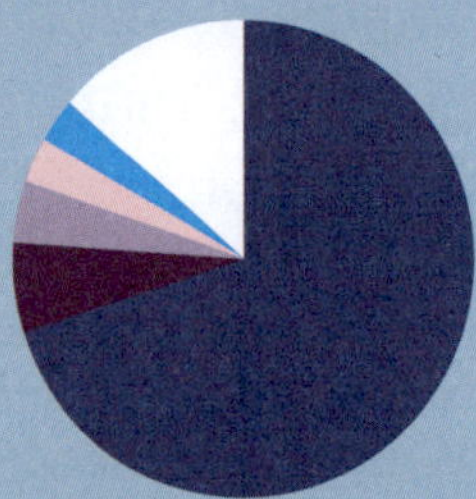

Gewichtung Länder

23 Länder

- USA
- Japan
- UK
- Kanada
- Frankreich
- Rest

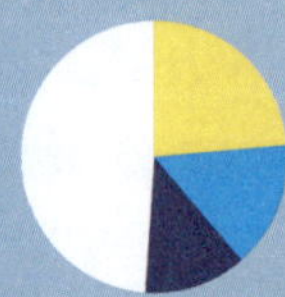

Gewichtung Branchen

1 480 Firmen

- IT
- Finanzen
- Gesundheit
- Rest

MSCI ACWI

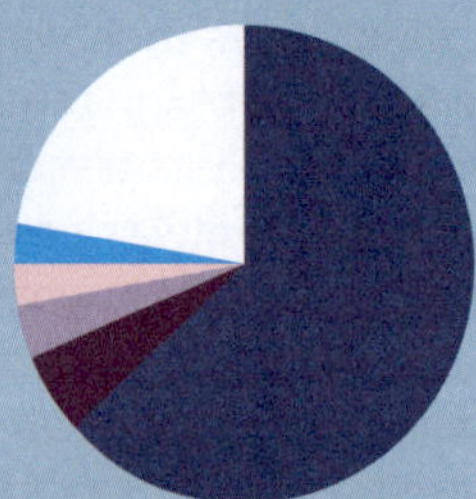

47 Länder

- USA
- Japan
- UK
- Kanada
- Frankreich
- Rest

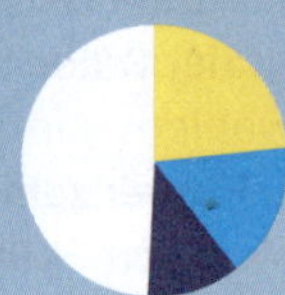

2 920 Firmen

- IT
- Finanzen
- Gesundheit
- Rest

FTSE All World

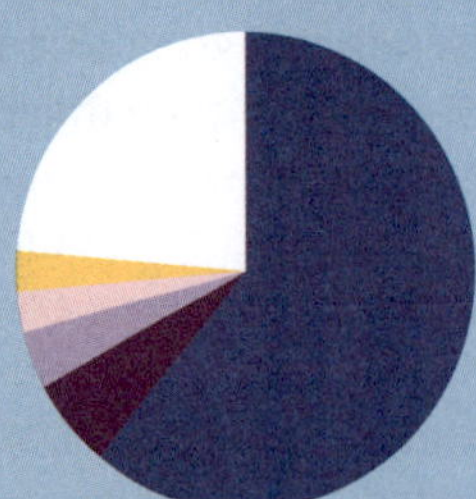

49 Länder

- USA
- Japan
- UK
- Frankreich
- China
- Rest

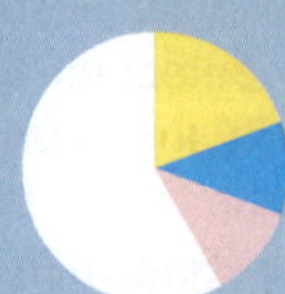

4 295 Firmen

- IT
- Finanzen
- Nicht-Basiskonsum
- Rest

diversifizieren. Angenommen, Sie investieren Ihr gesamtes Geld in das Unternehmen Alpha. Passiert etwas mit Alpha, ist Ihr gesamtes Geld mehr oder weniger weg. Haben Sie Ihr Geld gleichmäßig auf Alpha und das Unternehmen Beta verteilt und erneut passiert etwas mit Alpha, ist die Hälfte Ihrer Investitionen verloren. Beteiligen Sie sich auch noch an dem Unternehmen Gamma, betreffen die Probleme von Alpha bei einer gleichmäßigen Verteilung des Investments ein Drittel Ihres Geldes. Kommt noch das Unternehmen Delta dazu, ist es ein Viertel und so weiter.

SIE SEHEN: Je stärker Sie Ihr Geld auf einzelne Titel verteilen, desto weniger muss Sie das Schicksal eines einzelnen Unternehmens kümmern, und desto geringer ist Ihr Einzeltitelrisiko. Bei einem Investment in viele hundert oder sogar mehr als tausend Unternehmen fällt es praktisch nicht mehr ins Gewicht. Übrig bleibt das Marktrisiko, das Sie, wie erwähnt, nicht vermeiden können.

Mit ETF das Investment streuen

Die Streuung der Geldanlage über so eine große Zahl von Unternehmen ist einfacher, als Sie vielleicht denken. Sie müssen nicht Hunderte Einzelaktien auswählen und kaufen, das wäre mühsam. Stattdessen können Sie auf ETF zurückgreifen. ETF sind eine sehr günstige Art der Geldanlage. Sie bilden die Entwicklung eines Index ab. Das heißt, sie entwickeln sich genauso wie ihr Basisindex. Steigt der Index um ein Prozent, geht es auch mit dem ETF um ein Prozent nach oben – einmal abgesehen von den Kosten. Fällt der Index um ein Prozent, verliert der ETF in gleichem Maße. Ein Index fasst die Entwicklung verschiedener Aktien, die nach bestimmen Regeln ausgewählt werden, zusammen. Die Zusammensetzung wird dabei meist in festgelegten Intervallen überprüft.

Die Auswahl ist riesig. Es gibt Indizes für bestimmte Länder und Regionen. Der Dax zum Beispiel bildet die Entwicklung der 40 größten börsennotierten deutschen Unternehmen ab und wird von der Deutschen Börse erstellt. Im EuroStoxx sind dagegen europäische Unternehmen vertreten. Außerdem gibt es Indizes für Themen (z. B. E-Mobilität, Cybersecurity) und Branchen (z. B. Gesundheit, Bergbau). Und es gibt die sogenannten Weltindizes. Sie umfassen die Unternehmen mit der höchsten Marktkapitalisierung aus vielen verschiedenen Branchen und Ländern. Die bekanntesten Welt-Indizes sind:

MSCI World: Der Index umfasst rund 1500 Unternehmen aus 23 Ländern.

MSCI All Country World: Die Aktien von fast 3000 Unternehmen sind in diesem Index zusammengefasst. Die Konzerne stammen aus 47 Ländern. Das sind 23 Industrienationen wie beim MSCI World und zusätzlich noch 24 Schwellenländer.

FTSE All World: Der Index ist noch breiter gestreut. In ihm sind über 4000 Unternehmen aus 49 Ländern versammelt.

Mit einem ETF auf einen dieser Indizes kommen Sie dem Ideal einer breiten Streuung sehr nah. Sie sind dann auf einen Schlag an bis zu 4000 Unternehmen aus der ganzen Welt beteiligt. Auf der Seite 118 finden Sie einen Vergleich der drei Weltindizes.

In der Vergangenheit hat ein breit gestreutes Portfolio noch jeden Rückschlag an der Börse mit der Zeit ausgeglichen. Nach spätestens 13 Jahren waren die Verluste wieder aufgeholt und der Weg bereitet für einen neuen Rekordstand (siehe Grafik rechts).

GEBÜHREN. Indizes, auf denen ETF beruhen, werden nach vorher festgelegten Regeln zusammengestellt. Aber auch mit aktiv gemanagten Fonds lässt sich breit streuen. Bei einem gemanagten Fond prüft das Fondsmanagement vor dem Aktienkauf zum Beispiel Kennzahlen und Gewinnaussichten. Die Gebühren bei aktiv gemanagten Fonds liegen deutlich über denen von ETF, und nur wenige gemanagte Fonds zeigen, dass sie die höheren Kosten über eine bessere Performance wieder hereinholen. Viele aktiv gemanagte Fonds schneiden sogar schlechter ab als der breite Markt.

Im Pantoffel-Portfolio von Stiftung Warentest ist der Gedanke einer breiten Streuung über Welt-ETF umgesetzt. Das Portfolio kombiniert einen Renditebaustein mit einem Sicherheitsbaustein. Der Renditebaustein besteht in der einfachsten Variante aus einem Welt-ETF. Das Geld im Sicherheitsbaustein liegt abseits der Börsenschwankungen jederzeit verfügbar auf einem Tagesgeldkonto. Über das Verhältnis der beiden Bausteine bestimmen Sie das Risiko, das Sie bereit sind, bei Ihrer Geldanlage einzugehen. Je geringer der Aktienanteil, desto geringer das Risiko (siehe auch S. 127). Das Verhältnis der beiden Bausteine wird

Langer Anlagehorizont mindert Verlustrisiko

In der Vergangenheit war es nur eine Frage der Zeit, bis jeder Rückschlag aufgeholt wurde, wie dieser Chart am Beispiel des MSCI World zeigt.

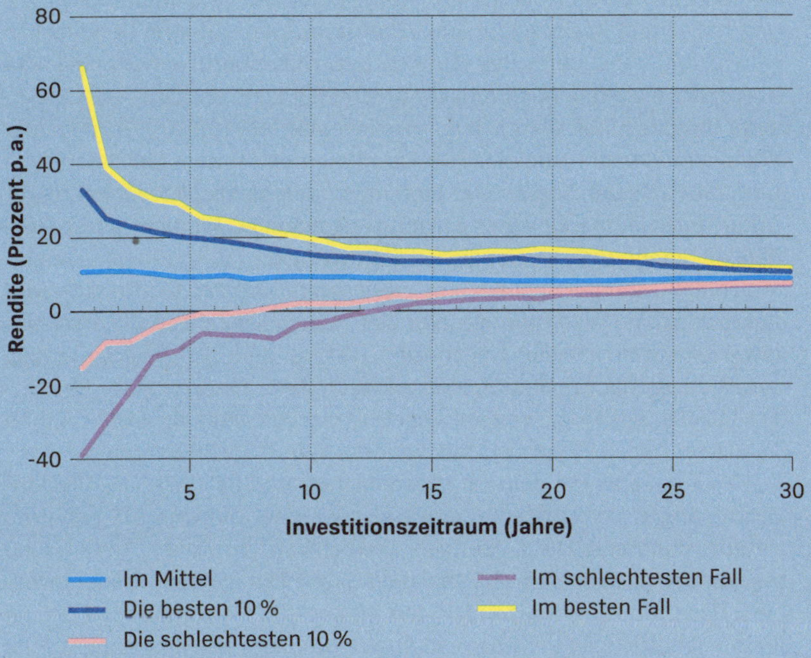

» Jedes Mal, wenn die Zinsen einer Geldanlage wieder reinvestiert und mitverzinst werden und sich das Geld so von selbst vermehrt, spricht man vom sogenannten Zinseszinseffekt. «

regelmäßig überprüft und bei einer größeren Abweichung angepasst. Dieses Konzept brachte in den vergangenen Jahren eine ansehnliche Rendite: Ein ausgewogenes Depot mit einer gleichmäßigen Verteilung des Geldes auf den Rendite- und den Sicherheitsbaustein brachte in den vergangenen 20 Jahren eine durchschnittliche jährliche Rendite von 6,1 Prozent (Stand: 30.04.2024). Das heißt, aus investierten 100 000 Euro wären rund 327 000 Euro geworden. Eine offensive Aufteilung mit einem Aktienanteil von 75 Prozent kam auf eine Rendite von 7,4 Prozent, eine defensive Ausrichtung mit einem Aktienanteil von 25 Prozent erzielte eine durchschnittliche jährliche Rendite von 4,2 Prozent. Umgerechnet wären aus den investierten 100 000 Euro in der offensiven Variante rund 417 000 Euro geworden und in der defensiven rund 228 000 Euro. Kosten und Steuern sind dabei nicht berücksichtigt.

Die Auswahl an möglichen ETF auf die genannten Weltindizes ist groß. Viele Anbieter haben einen solchen ETF im Angebot und verlangen nur eine geringe Gebühr von einigen Zehntelprozentpunkten. Die Rendite wird durch die Kosten also kaum geschmälert. Die große Zahl an ETF erscheint verwirrend, weil man sich fragen kann, welcher der richtige ist. Im Prinzip macht aber jeder ETF das Gleiche, nämlich die Entwicklung des Basisindex abzubilden. Eine Auswahl von ETF, die von unseren Experten von Finanztest mit „1. Wahl" beurteilt werden, finden Sie im Anhang.

ETF unterscheiden sich im Wesentlichen dadurch, wie die Dividendenzahlungen der Konzerne verwendet werden. Manche ETF schütten sie aus, das heißt, die Zahlungen wandern auf Ihr Konto. Andere sind thesaurierend. In diesem Fall wird die Ausschüttung direkt wieder investiert. Das Geld kommt also nicht auf Ihr Konto. Thesaurierende ETF sind für den langfristigen Vermögensaufbau insgesamt besser geeignet. Hier fließt kein Geld ab wie bei den ausschüttenden, sondern es kann sich weiter vermehren. Je nach der anvisierten Entnahmestrategie im Alter kann aber auch ein ausschüttender ETF sinnvoll sein.

Je früher, desto besser

Entscheidend für Ihren Anlageerfolg ist aber nicht nur die richtige Strategie, sondern auch, dass Sie früh anfangen. Je länger das Geld arbeiten kann, desto besser. Denn mit der Zeit wird der Zinseszinseffekt immer größer: Es vermehrt sich nicht nur jedes Jahr das Geld, das Sie eingezahlt haben, sondern es vermehren sich auch die Kursgewinne. Sie bauen also mehr Vermögen auf.

Um den Zinseszinseffekt zu veranschaulichen, nehmen wir an, dass Sie 1000 Euro investiert haben. Die jährliche Rendite liegt bei 7 Prozent.

Im Jahr eins haben Sie dann 1070 Euro. Im zweiten Jahr wirkt sich die Rendite nicht nur auf die ursprünglich investierten 1000 Euro aus, sondern auch auf die 70 Euro Kursgewinn. Das heißt, am Ende des zweiten Jahres hat Ihr Investment einen Wert von 1144,90 Euro. So geht es weiter. Im dritten Jahr vermehren sich dann die 1000 Euro vom Anfang und die 144,90 Euro an bisher erzielten Kursgewinnen, macht 1225,04 Euro. Ohne den Zinseszinseffekt stünden Sie zu diesem Zeitpunkt erst bei 1210 Euro, denn Sie würden immer nur, wie in Jahr eins, die 7 Prozent auf die investierten 1000 Euro erhalten. Der Unterschied wird mit der Zeit immer größer. Dank des Zinseszinseffekts haben Sie nach 20 Jahren rund 1470 Euro mehr gespart als ohne.

Zwei Rechenbeispiele verdeutlichen, wie sich der Zinseszinseffekt bei einem frühen Sparbeginn auswirkt:

Beispiel 1. Das Ziel ist eine Sparsumme von 100 000 Euro zum Rentenbeginn mit 67 Jahren. Unterstellt ist eine durchschnittliche jährliche Rendite von 7 Prozent. Wenn Sie im Alter von 27 Jahren anfangen, reicht eine Einmalinvestition von rund 6700 Euro. Investieren Sie erst mit 40 Jahren, sind schon knapp 16 000 Euro nötig, um das Ziel zu erreichen. Warten Sie, bis Sie 50 Jahre alt sind, brauchen Sie rund 31 700 Euro.

Beispiel 2. Frank und Martina wollen Geld für die Rente ansparen. Frank fängt mit 37 Jahren an und spart zehn Jahre lang monatlich 200 Euro. Dann lässt er das Geld die nächsten 20 Jahre liegen. Martina hingegen beginnt erst mit 47 Jahren mit dem Sparen. Auch sie legt jeden Monat 200 Euro zurück, allerdings über 20 Jahre. Sie spart also doppelt so lange wie Frank und legt doppelt so viel zurück, nämlich insgesamt 48 000 Euro. Trotzdem hat sie am Ende weniger Geld. Wieder eine durchschnittliche jährliche Rendite von sieben Prozent unterstellt, liegen bei Martina, als sie 67 Jahre alt ist, rund 102 000 Euro auf ihrem Konto. Bei Frank sind es hingegen rund 133 100 Euro. Er hat also über 31 000 Euro mehr als Martina, obwohl er nur halb so viel gespart hat.

Über einen Sparplan regelmäßig investieren

Das Gute ist, dass Sie gar nicht viel Geld brauchen, um mit dem Vermögensaufbau zu beginnen. Natürlich können Sie auf einen Schlag investieren und das Geld dann liegen lassen, wie es das erste Beispiel vorrechnet. Aber wenn Sie nicht so viel Geld übrig haben, können Sie trotzdem anfangen. Viele Broker und Depotbanken bieten kostengünstige Sparpläne an. Sparplan bedeutet, dass Sie jeden Monat einen bestimmten Betrag in Ihren ETF investieren – so wie es Frank und Martina im zweiten Beispiel machen.

Diese Variante hat verschiedene Vorteile gegenüber dem Einmalinvestment. Zum einen können Sie, wie erwähnt, mit einem kleinen Betrag anfangen. Manche Anbieter bieten Sparpläne schon ab 1 Euro im Monat an. 50 oder 100 Euro im Monat zurückzulegen ist nicht viel. Aber so legen Sie den Grundstein für Ihre Absicherung im Alter – vor allem, wenn Sie früh genug anfangen.

> **FRÜH MIT WENIGER. Um noch einmal das Beispiel von eben aufzugreifen: Um ein Vermögen von 100 000 Euro mit 67 Jahren zu haben, reicht es aus, im Alter von 27 Jahren monatlich 40 Euro anzusparen. Das sind also weniger als zwei Euro pro Tag. Beginnen Sie im Alter von 40 Jahren, liegt die monatliche Sparsumme bei etwas über 100 Euro.**

Dabei bleiben Sie stets flexibel. Sie können Ihren Sparplan pausieren oder ganz beenden oder auch die Summe verkleinern, wenn das Geld knapp ist. Das sollte aber die absolute Ausnahme bleiben, wenn Sie wirklich Vermögen aufbauen wollen. Das Ziel muss eher sein, die Summe immer weiter zu vergrößern – schon allein, um die Inflation auszugleichen. Denken Sie dabei nicht nur an weitere Einsparmöglichkeiten. Das ist zwar wichtig, die Möglichkeiten sind aber letztlich begrenzt. Überlegen Sie auch, wie Sie Ihre Einnahmen steigern können. Denn hier ist im Prinzip nach oben alles offen. Planen Sie in Ihrem Budget (siehe „Finanzen gemeinsam organisieren“, ab S. 19) also immer Ihre monatliche Sparrate ein und setzen Sie sich neue Ziele.

Der weitere große Vorteil des Sparplans, neben dem einfachen Start in den Vermögensaufbau, lautet: Sie müssen sich um nichts mehr kümmern. Sie stellen den Vermögensaufbau auf Autopilot. Jeden Monat fließt per Dauerauftrag Geld in Ihren Sparplan. Sie kommen gar nicht in die Versuchung, zu überlegen, ob gerade ein guter Investitionszeitpunkt ist – einer der großen Fehler, den viele Anleger machen. Stehen die Kurse hoch, erwerben Sie mit einem laufenden Sparplan etwas weniger Anteil für Ihr Geld, stehen Sie niedrig, etwas mehr. Die unvermeidlichen Kursschwankungen an der Börse werden auf diese Weise mit der Zeit nivelliert.

Das klingt alles überraschend einfach und auch ein bisschen langweilig. Aber das soll es auch sein! Geldanlage soll nicht viel Arbeit machen und einen gut schlafen lassen. Sie soll systematisch Schritt für Schritt das Vermögen wachsen lassen. Es geht schließlich nicht darum, reich zu werden. Das Ziel muss vielmehr sein, im Alter nicht arm zu sein. Über die langfristige Investition in einen Welt-ETF erzielen Sie eine auskömmliche Rendite zu einem geringen Risiko. Die Durchschnittsrendite von 6,1 Prozent über die letzten 20 Jahre eines ausgewogenen Pantoffel-Portfolios reicht, damit sich etwa alle zwölf Jahre Ihre Investition verdoppelt. Wenn das genügt, damit Sie Ihre finanziellen Ziele erreichen – warum sollten Sie dann unnötige Risiken eingehen, um am Ende womöglich schlechter dazustehen?

ANKOMMEN ZÄHLT. Sie können es sich leisten, nicht der beste Anleger der Welt zu sein. Sie können es sich aber nicht leisten, ein schlechter Anleger zu sein. Am Ende ist es nicht wichtig, wer als Erster die Ziellinie erreicht. Wichtig ist, sie zu erreichen.

Aktien-Crashs steht man nur gemeinsam durch

Es ist wichtig, dass Sie beide die Investitionsstrategie mittragen. Die Kursverluste an der Börse können heftig sein, und es können Jahre vergehen, bis sich die Kurse wieder erholen:

Dotcom-Crash. Im Dotcom-Crash im Jahr 2000 ging es an den Märkten bis zu 60 Prozent nach unten. Nach 13 Jahren hatten sich die Kurse wieder erholt.

Weltfinanzkrise. Ähnlich stark fielen die Märkte in der Finanzkrise in den Jahren 2007 und 2008. Fünf Jahre dauerte es, bis die Aktien die Verluste aufgeholt hatten.

Coronakrise. Innerhalb kurzer Zeit verloren die Märkte in der Coronakrise knapp ein Drittel. So heftig der Fall, so schnell war aber dieses Mal auch die Erholung: Nach einem Jahr hatten die Märkte wieder ihr altes Niveau erreicht.

Wenn einer von Ihnen die Investmentstrategie nicht unterstützt, sind in solchen Phasen Konflikte und Streit vorprogrammiert. „Jetzt hast du unser ganzes Geld verzockt", „Ich habe dir doch gesagt, dass das zu riskant ist" – mit großer Sicherheit werden solche und ähnliche Sätze fallen und die Beziehung belasten. Börsencrashs steht man nur gemeinsam durch. Womöglich geht es Ihnen beim Blick in Ihr Depot, das tief im Minus steckt, nicht sonderlich gut. Sich vorher Gedanken über Schmerzgrenzen zu machen und dann zu sehen, dass sie tatsächlich erreicht werden, kann schwer sein. Das letzte, was Sie dann noch gebrauchen können, sind gegenseitige Vorwürfe.

Sprechen Sie über ihre Sorgen und nehmen Sie sich gegenseitig ernst. Im Folgenden finden Sie Bedenken, die in solchen Situationen möglicherweise zur Sprache kommen, und wie Sie damit umgehen können.

Börse ist riskant. Über eine Streuung der Investition lässt sich das Risiko deutlich senken, und die Vergangenheit hat gezeigt, dass über einen langen Anlagehorizont ein ausreichend breitgestreutes Depot noch jeden Rückschlag ausgeglichen hat. Zusätzlich sollten Sie bedenken: Es wird immer Krisen geben, die die Welt erschüttern. Für einzelne Unternehmen können solche Krisen existenzbedrohend sein, für die Weltwirtschaft löst eine Krise hingegen einen Anpassungsprozess aus. Dieser kann schmerzhaft sein und sich über viele Monate oder Jahre erstrecken. Am Ende dieses Prozesses wird die Weltwirtschaft sich verändert haben. Einige Unternehmen wird es nicht mehr geben, andere werden hinzugekommen sein. Und nur solche Unternehmen werden überleben, die sich an die neuen Anforderungen anpassen können. Welche das sein werden, kann niemand wissen. Deswegen kauft man am besten „alle", versucht also, über ETF in eine möglichst große Zahl an Unternehmen zu investieren und somit die Weltwirtschaft abzubilden. Die Weltwirtschaft kann nicht pleitegehen, Menschen werden immer essen, trinken, sich vergnügen wollen und so weiter, und immer wird es Unternehmen geben, die diese Bedürfnisse befriedigen wollen. Weil Welt-ETF regelmäßig angepasst werden, machen sie alle Veränderungen mit. Man braucht nur die Zeit, um diesen Prozess abwarten zu können. Der Finanzmathematiker Nassim Taleb prägte für dieses Konzept die Begriffe „Ultrastabilität" und „Antifragilität".

Börse ist was für Zocker. Zertifikate, Optionsscheine, Fünfer-Hebel, CFDs, Penny Stocks – wer es darauf anlegt, kann die Börse tatsächlich zu einem Kasino machen und wild spekulieren. Die Möglichkeiten sind zahlreich. Von hohem Gewinn bis Totalverlust ist alles möglich. Am Zockervorwurf ist also etwas dran. Aber das ist nur ein Teil der Wahrheit. Der andere Teil ist: An der Börse gibt es auch Investoren, die nicht auf den schnellen Gewinn setzen. Sie sehen Aktien nicht als Wettvehikel, sondern als das, was sie tatsächlich sind: eine Beteiligung an einem Unternehmen. Mit einer Aktie gehört einem ein klitzekleiner Teil an einem Konzern.

Eine gute Verzinsung reicht. Die Nullzinsphase ist vorbei, Tages- und Festgeldkonten werfen wieder Zinsen ab. Um die 4 Prozent waren im Jahr 2023 möglich. Eine solche Verzinsung wäre in der Tat eine interessante Alternative zu einem Investment an der Börse. Sie ahnen aber vielleicht schon durch den Verweis auf die Jahreszahl, wo der Knackpunkt liegt: Banken passen laufend ihre Konditionen an. Bei Festgeld steht der Zins zwar fest, dieser gilt aber nur für die vereinbarte Laufzeit. Ein niedriger Zins erschwert den Vermögensaufbau – wenn er überhaupt gelingt. Denn man darf nicht den Zinssatz isoliert von der Inflation betrachten. Um den Wert des Geldes zu erhalten, muss der Zinssatz mindestens so hoch wie die Inflationsrate sein. Liegt er drunter, schrumpft der Wert des Ersparten. Zeitreihen der Bundesbank zeigen, dass ein solcher negativer Realzins in der Vergangenheit keine Seltenheit war. Darauf zu setzen, dass Zinsen einen wichtigen Beitrag zum Vermögensaufbau leisten, ist daher eine Strategie mit unsicherem Ausgang.

Vom Ersparten im Alter leben

Kursstürze gehören zur Börse dazu. Doch Sie können die Höhe des Risikos so steuern, dass Sie sich beide wohlfühlen.

Wichtig ist, dass Sie einen Weg der Altersvorsorge finden, der Ihnen beiden gerecht wird. Die wichtigste Stellschraube ist die Höhe des Aktienanteils, also, wie viel Geld in den Renditebaustein des Pantoffel-Portfolios fließt. Auf diese Weise begrenzen Sie zwar die Chancen, aber auch das Risiko:

Defensiv. In einem defensiv ausgerichteten Pantoffel-Portfolio mit einem Aktienanteil von 25 Prozent lag die schlechteste Jahresrendite in den vergangenen 30 Jahren bei minus 8,3 Prozent.

Ausgewogen. Im ausgewogenen Portfolio waren es im schlimmsten Fall minus 18,3 Prozent.

Offensiv. Dazu im Vergleich: Bei einem Aktienanteil von 75 Prozent in der offensiven Ausgestaltung des Pantoffel-Portfolios waren es minus 29,3 Prozent (Stand 31.03.2024).

Finden Sie ein Verhältnis, das für Sie beide passt. Denn gute Geldanlage darf Sie nicht den Schlaf kosten – und sollte in einer Beziehung auch nicht zu Streit führen.

Zu gegebener Zeit gilt es, sich auf eine passende Entnahmestrategie zu einigen. Auch wenn es noch ein paar Jahre sind, bis es bei Ihnen so weit ist, dass Sie in der Rente an Ihr Erspartes gehen: Es schadet nicht, sich schon jetzt mit den verschiedenen Optionen, die es gibt, vertraut zu machen. Denn so eine Entscheidung will gut überlegt sein. Sie hat viel mit Sicherheit zu tun und auch damit, welches Leben Sie und Ihr Partner im Alter führen wollen. Die Bandbreite rangiert von „Unser Erspartes soll am besten gar nicht schrumpfen (oder vielleicht sogar noch zunehmen)“ bis zu „Wir wollen bis zu unserem Tod einen Großteil unseres Geldes ausgeben“.

Gute Argumente gibt es für beide Seiten. Niemand weiß schließlich, wie alt man wird und was noch alles passieren kann. Außerdem will man seinen Kindern vielleicht etwas hinterlassen. Das spricht dafür, eher vorsichtig zu sein. Auf der anderen Seite könnte man sagen: Warum haben wir so viel gearbeitet und damit Zeit gegen Geld getauscht, wenn wir nicht auch davon profitieren können? Sollten wir nicht schöne Erinnerungen sammeln, solange wir es gesundheitlich noch können?

Stiftung Warentest hat für das Pantoffel-Portfolio fünf Entnahmestrategien entwickelt und mit historischen Daten durchgerechnet, die diese Bandbreite abdecken. Dabei wird unterstellt, dass das angesparte Vermögen 100 000 Euro beträgt und das Geld für 30 Jahre reichen soll. Die Strategien unterscheiden sich in der Höhe und Planbarkeit der Entnahmen sowie in der Komplexität der Umsetzung. Ein wichtiger Grundgedanke ist, dass das Geld auch im Alter noch weiter investiert bleibt und sich somit vermehren kann. Schließlich braucht man kurzfristig immer nur einen Teil des Geldes . Die fünf Strategien sind:

Fixe Rente. Wie der Name schon sagt, geht es hier um eine dauerhaft feste Entnahmesumme. Der Betrag ist so gewählt, dass Sie selbst im schlimmsten Fall aller bisherigen Börsen- und Zinsverläufe das Geld nicht vorzeitig aufzehren. Für ein ausgewogenes Pantoffel-Portfolio lag die Entnahme in der Simulationsrechnung bei monatlich 329 Euro im Mittelwert. Unter test.de/pantoffel-auszahlplan (kostenpflichtig) finden Sie die Details, wie Sie diese Summe berechnen. Die zwei Vorteile dieser Strategie: Sie müssen nur einmal die Summe berechnen und haben dann keine Arbeit mehr. Außerdem schrumpft Ihr Vermögen trotz der Entnahmen nicht. In den Simulationsrechnungen war der Betrag sogar am Ende der 30 Jahre höher als am Anfang (siehe S. 131).

Flexible Rente. Bei dieser Strategie dividieren Sie die angesparte Summe jedes Jahr durch die Zahl der verbleibenden Jahre. Das heißt, im ersten Jahr teilen Sie 100 000 Euro durch 30. Sie können sich also 278 Euro im Monat auszahlen. Im nächsten Jahr teilen Sie die verbliebene Summe durch 29 Jahre und so weiter. Diese Berechnungen können Sie ganz einfach selber durchführen. Wie Sie in der Tabelle auf der Seite 131 sehen können, ist die Zusatzrente bei dieser Strategie im Mittelwert am höchsten. Der Nachteil: Die Summe schwankt jedes Jahr – je nachdem, wie sich die Märkte und damit Ihr angelegtes Vermögen entwickelt haben. Und was Sie auch nicht vergessen sollten: Bei dieser Strategie verbrauchen Sie über die Jahre Ihr gesamtes Vermögen.

Zins- und Dividenden-Rente. Ihre Zusatzrente besteht bei diesem Entnahme-Modell aus den Zinserträgen und Dividendenausschüttungen. Der Grundstock bleibt unangetastet und vermehrt sich weiter. Bei dieser Strategie müssen Sie allerdings mit schwankenden Bezügen zurechtkommen, da sowohl die Zinsen schwanken können als auch die Höhe der Dividenden. Auch während des Jahres schwankt die Höhe der Dividendenzahlungen, je nachdem, wann die Unternehmen ausschütten. Voraussetzung ist, dass Sie einen ausschüttenden ETF auf den MSCI World besparen.

Rente mit Puffer. Ähnlich wie bei der flexiblen wird bei der Rente mit Puffer das Vermögen vollständig verbraucht. Die Besonderheit ist allerdings, dass bei der Berechnung der Entnahmehöhe aus dem Aktienteil die Marktphase zum Start mit berücksichtigt wird. Um für einen Crash gewappnet zu sein, ist die Summe umso niedriger, je höher der Aktienmarkt steht. Hier wird eher vorsichtig gestartet, um dann die Rente später steigern zu können. Falls dieses Modell für Sie das richtige ist: Bei der Umsetzung hilft Ihnen ein Onlinerechner unter test.de/pantoffel-auszahlplan (kostenpflichtig).

Lernende Rente. Das Ziel dieses von Stiftung Warentest entwickelten Konzepts besteht unter anderem darin, konstante, aber keine extremen Rentensteigerungen zu gewährleisten. Bis zum Laufzeitende wird das Vermögen aufgebraucht. Ausgefeilte Berechnungen für die Ausschüttungen aus dem Aktienbaustein liegen der lernenden Rente zugrunde. So gibt es zum Beispiel eine Kappungsgrenze, und es wird berücksichtigt, wie der Markt zum Zeitpunkt der Berechnung steht.

BERÜCKSICHTIGTER KURSVERLAUF. Die Höhe der Ausschüttung wird regelmäßig neu berechnet. Der Algorithmus lernt dabei von der tatsächlichen Börsenentwicklung.

Das Ergebnis kann sich sehen lassen: Die lernende Rente bescherte in der Simulationsrechnung mit die höchste Anfangs- und Endrente. Das Gute für Sie: Die aufwendigen Berechnungen nimmt Ihnen der Onlinerechner unter test.de/pantoffel-auszahlplan (kostenpflichtig) ab.

Sie haben mehrere Möglichkeiten, wenn Sie sich für eine aktienbasierte Altersvorsorge entscheiden. Will sich einer von Ihnen aber partout nicht auf Aktien einlassen, sollten Sie nach einer alternativen Altersvorsorge suchen.

Trost finden Sie vielleicht in dieser Geschichte aus der Praxis, die Paartherapeut Michael Mary in seinem Buch „Die Liebe und das liebe Geld" erzählt: Als die Kurse im Keller waren, wollte ein Mann den Großteil des gemeinsam Ersparten in Dax-Aktien investieren. Doch seine Frau ließ sich nicht überzeugen, alle Erklärungen kamen nicht gegen ihre Angst an, das Geld zu verlieren. Aufteilen wollte der Mann das Geld aber auch nicht. Lange ärgerte er sich über den Widerstand seiner Frau, denn die Kurse vervierfachten sich in den kommenden Jahren. Er machte seinen Frieden, als ihm eines klar wurde: „Ich habe mich selbst entschieden, auf ihre Ängste Rücksicht zu nehmen. Die Gemeinsamkeit mit ihr war mir wichtiger als das Geld. Was hätte ich mit meinem Gewinn gemacht? Ihn für mich behalten? Das hätte sich komisch angefühlt. Und was hätte sie gemacht, wenn ich mein Geld verloren hätte? Mich hängen lassen? Bestimmt nicht."

Zusatzrente im Alter

Für ein Leben ohne finanzielle Sorgen kommt es nicht nur auf die richtige Strategie beim Ansparen an, sondern auch bei der Entnahme. In der Tabelle sehen Sie, welche Zusatzrente und welches Endvermögen mit welcher Strategie in den vergangenen 30 Jahren drin war. Ausgangspunkt ist ein Vermögen von 100 000 Euro.

Portfolio	Strategie	Monatliche Entnahme (Euro)					Endvermögen (Euro)	Rendite Entnahmeplan (% p.a.)
		Zu Beginn	Am Ende	Min.	Mittelwert	Max.		
TAGESGELD	Fix	279	279	279	279	279	64 258	2,6
TAGESGELD	Flexibel	279	521	279	479	521	0	3,0
TAGESGELD	Zins-und-Dividende [1)]	423	316	0	176	553	100 000	2,2
DEFENSIV	Fix	304	304	304	304	304	123 088	4,1
DEFENSIV	Flexibel	276	761	276	526	761	0	4,3
DEFENSIV	Zins-und-Dividende [1)]	361	465	76	213	492	170 945	4,3
DEFENSIV	Puffer	274	867	274	518	867	0	4,3
DEFENSIV	Lernend	306	988	306	502	988	270	4,2
AUSGEWOGEN	Fix	329	329	329	329	329	218 737	5,6
AUSGEWOGEN	Flexibel	273	1 077	273	613	1 077	0	5,6
AUSGEWOGEN	Zins-und-Dividende [1)]	300	556	169	231	556	241 760	5,5
AUSGEWOGEN	Puffer	269	1 364	269	573	1 364	0	5,6
AUSGEWOGEN	Lernend	331	1 071	331	501	1 071	46 493	5,4
OFFENSIV	Fix	354	354	354	354	354	301 949	6,7
OFFENSIV	Flexibel	269	1 370	261	668	1 370	0	6,5
OFFENSIV	Zins-und-Dividende	238	708	196	329	708	355 438	6,8
OFFENSIV	Puffer	264	1 999	264	613	1 999	0	6,5
OFFENSIV	Lernend	356	1 152	356	499	1 152	68 827	6,1
MSCI WORLD-ETF	Fix	379	379	379	379	379	374 350	7,4
MSCI WORLD-ETF	Flexibel	265	1 607	247	695	1 607	0	7,0
MSCI WORLD-ETF	Zins-und-Dividende	177	744	170	357	744	457 330	7,5
MSCI WORLD-ETF	Puffer	258	2 451	258	601	2 451	0	6,8
MSCI WORLD-ETF	Lernend	379	1 231	379	497	1 231	90 721	6,6

Angaben auf Basis historischer Simulationen über 30 Jahre inkl. ETF- und Handelskosten, ohne Steuern. Annahmen: Tagesgeldzinsen enstprachen Fibor / Euribor. ETF-Renditen gleich MSCI World Index abzgl. 0,5 Prozent pro Jahr. 1) Vor 30 Jahren gab es hohe Zinsen, daher waren die Anfangsrenten relativ hoch. Quellen: Refinitiv, eigene Simulationen. Stand: 31. August 2023.

Die Familie absichern

Beim Nachdenken über das Thema Altersvorsorge sollte es nicht nur um den gemeinsamen Lebensabend gehen. Es ist auch wichtig, für den Fall vorzusorgen, dass man eben nicht gemeinsam alt wird.

Wie wichtig die Absicherung im Falle einer Trennung oder Scheidung ist, wurde zuvor bereits ausführlich beschrieben. Wer alleine darauf vertraut, dass die Beziehung hält, kann böse überrascht werden. Überraschungen können nach einer Trennung übrigens auch noch an anderer Stelle bei der Altersvorsorge drohen: Sie haben vorgesorgt, doch jemand anderes profitiert. Wenn Sie eine Lebensversicherung haben und nach einer Trennung oder Scheidung eine neue Beziehung eingehen, sollten Sie den Vertrag überprüfen und gegebenenfalls den neuen Partner als Begünstigten eintragen, damit er oder sie die Leistungen im Falle Ihres Todes erhält. Sind Sie der oder die Neue, kann es sinnvoll sein, das Thema anzusprechen, damit die Versicherung den Wünschen aller Beteiligten entspricht.

Etwas anders liegt der Fall, wenn nicht eine Trennung, sondern der Tod der Grund dafür ist, dass man nicht gemeinsam alt werden kann. Im Falle einer Ehe kann zwar meist eine Witwen-/Witwerrente die finanziellen Folgen lindern. Aber die Zahlungen fließen unter Umständen nur für eine begrenzte Zeit und sind auch von der Höhe her möglicherweise nicht ausreichend (siehe „Ehe und die Folgen“, ab S. 55). Gerade wenn zum Beispiel ein Haus abbezahlt werden muss oder die Kinder noch auf Unterstützung angewiesen sind, kann es eng werden, wenn schlagartig aufgrund des Todes des Hauptverdieners weniger Geld da ist.

Es kann daher ratsam sein, für den schlimmsten Fall vorzusorgen, um die Angehörigen finanziell abzusichern. Zur Trauer sollen nicht auch noch Geldsorgen kommen. Eine gute Möglichkeit dafür ist eine Risikolebensversicherung. Sie zahlt im Todesfall eine vereinbarte Summe. Sie dient damit, anders als eine Kapitallebensversicherung, nicht dem Vermögensaufbau, sondern der Absicherung.

Die Höhe der Summe können Sie bei Abschluss der Risikolebensversicherung festlegen. Die Leistung ist neben individuellen Faktoren wie

Das Erbe regeln

Das Ehegattentestament ist eine gute Möglichkeit für Verheiratete, den Erbfall unkompliziert zu regeln. Testamente müssen handschriftlich verfasst werden.

Ehegattentestament

Beispiel: Nina und Björn Sommer haben im Juli geheiratet. Sie haben keine Kinder und wollen sicherstellen, dass der überlebende Partner Alleinerbe wird, falls der andere stirbt.

Unser Testament

Wir, die Eheleute Nina Sommer, geboren am 05.10.1992, und Björn Sommer, geboren am 12.07.1990, beide derzeit wohnhaft in Berlin, Otto-Suhr-Allee 25, setzen uns gegenseitig als alleinige Vollerben unseres gesamten Vermögens ein.

Für den Fall, dass unsere Ehe vor dem Tod eines von uns aufgelöst wird, sollen die in diesem Testament getroffenen Verfügungen insgesamt unwirksam sein. Der Eheauflösung gleich steht der Antrag auf Ehescheidung. Dabei ist es egal, wer von uns die Scheidung beantragt hat.

__________ ____________________

Ort, Datum Unterschrift Nina Sommer

__________ ____________________

Ort, Datum Unterschrift Björn Sommer

Zwei Erbfälle, ein Testament

Das Berliner Testament regelt in einem Dokument die Erbfolge nach dem Tod desjenigen, der zuerst verstirbt, und die Erbfolge nach dem Tod des länger lebenden Partners.

Berliner Testament

Beispiel: Ute und Herbert Lang haben zwei Söhne, Carl und Leon. Sie möchten in einem Testament regeln, dass der Überlebende zunächst allein erbt. Die Kinder sollen erst nach dem Tod des Letztversterbenden erben. Diese spezielle Form des Ehegattentestaments nennt sich Berliner Testament.

Unser Testament

Wir, die Eheleute Ute Lang, geboren am 22.09.1976, und Herbert Lang, geboren am 16.11.1974, beide derzeit wohnhaft in Köln, Dürener Str. 140, setzen uns gegenseitig als alleinige Vollerben unseres gesamten Vermögens ein.

Schlusserben des länger Lebenden von uns werden unsere Kinder Carl, geboren am 06.11.2006, und Leon, geboren am 29.03.2008, derzeit wohnhaft in Köln, Dürener Str. 140.

Verlangen unsere Kinder nach dem Tod des Erstversterbenden gegen unseren Willen den Pflichtteil, sind sie für den zweiten Todesfall von der Erbfolge ausgeschlossen.

Ort, Datum — Unterschrift Ute Lang

Ort, Datum — Unterschrift Herbert Lang

Alter, Beruf oder Vorerkrankungen ein wichtiger Einflussfaktor auf die Beitragshöhe. Ein Richtwert für die Höhe der Versicherungssumme ist das Drei- bis Fünffache des Bruttojahresgehalts. Der tatsächliche Bedarf kann aber deutlich höher sein. Für Ihre individuelle Versorgungslücke müssen Sie ermitteln, wie hoch das Einkommensdefizit im Todesfall wäre und wie lange die Laufzeit der Versicherung sein soll. Das kann zum Beispiel davon abhängen, wie lange eine Immobilie abbezahlt werden muss oder die Kinder unterstützt werden sollen. Anhaltspunkte können der Schulabschluss, der Abschluss der Ausbildung oder das Ende des Studiums sein. Das Produkt aus Einkommensdefizit mal Versorgungslücke ergibt die Versicherungssumme.

Mit einer einfachen Überschlagsrechnung können Sie sich dieser Summe annähern. Nicht berücksichtigt ist dabei, wie sich die Ausgaben im Todesfall konkret verändern und welchen Beitrag zu den Einnahmen zum Beispiel die Witwen/-Witwerrente leistet. Für diese Rechnung nehmen Sie das gemeinsame monatliche Nettoeinkommen und schätzen dann, wie hoch das monatliche Einkommen wäre, wenn das Einkommen des Verstorbenen wegfiele. Das Ergebnis multiplizieren Sie anschließend mit der Zahl der Jahre, für die das fehlende Einkommen überbrückt werden soll.

Diese Rechnung kann dann zum Beispiel so aussehen: Klaus und seine Frau Marion kommen zusammen auf ein monatliches Nettoeinkommen in Höhe von 6000 Euro. Klaus steuert 3500 Euro bei, seine Frau 2500 Euro. Klaus will seine Frau und den gemeinsamen Sohn Maximilian für den Fall seines Ablebens absichern. Maximilian ist zwei Jahre alt. Das Geld aus der Risikolebensversicherung soll reichen, bis Maximilian 25 Jahre alt ist und ihn somit auch bei einem möglichen Studium unterstützen. Grob geschätzt liegt die Versicherungssumme also bei 966000 Euro.

FLEXIBLE LÖSUNGEN. Die Versicherungssumme muss nicht gleich bleiben. Viele Versicherer bieten eine Nachversicherungsgarantie. Das bedeutet, dass die Summe erhöht werden kann. Eine Anpassung ist auch über eine Dynamisierung möglich, um die Inflation auszugleichen. Genauso gibt es bei manchen Anbietern die Option einer fallenden Versicherungssumme. Das spart Beiträge und kann zum Beispiel sinnvoll sein, wenn mit der Versicherung ein Immobilienkredit abgesichert werden soll. Dann sinkt bei dieser Tarifvariante die Summe parallel zum Restkredit.

Beim Abschluss eines Vertrags für eine Risikolebensversicherung lohnt es sich aber nicht nur, sich Gedanken über Laufzeit und Summe zu machen. Auch die Berücksichtigung der Erbschaftssteuer ist wichtig. Denn wenn Sie nicht aufpassen, wird die Auszahlung Teil der Erbmasse. Das können Sie über eine Überkreuzversicherung lösen.

Normalerweise versichert der Versicherungsnehmer sein eigenes Leben, bezahlt die Beiträge dafür selbst und trägt den Partner als Begünstigten ein. Bei der Risikolebensversicherung über Kreuz ist das etwas anders. Hier schließen Paare einzelne Verträge ab und setzen sich gegenseitig als Versicherte ein. Das heißt, jeder versichert nicht sein Leben, sondern das des Partners. Versicherungsnehmer und versicherte Person sind nicht identisch.

Das klingt zunächst verwirrend. Was diese Variante aber bedeutet, lässt sich an einem Beispiel gut deutlich machen: Marina will sich für den Tod ihres Mannes Felix absichern. Marina schließt dazu eine Risikolebensversicherung ab. Sie ist die Versicherungsnehmerin, die Beitragszahlerin und auch die Bezugsberechtigte. Der Versicherte ist ihr Mann Felix. Das heißt, wenn Felix stirbt, erhält Marina die festgelegte Versicherungssumme. Der Clou: Weil Marina die Beitragszahlerin und die Versicherungsnehmerin ist, erbt sie nichts. Sie hat für ihren eigenen Versicherungsschutz bezahlt und ihr „gehört" die Versicherung.

ZWEI DINGE BEACHTEN. Zum einen müssen die Beiträge tatsächlich von Marinas Konto kommen. Im Falle eines Gemeinschaftskontos kann es Probleme mit dem Finanzamt geben. Es kann dann unterstellen, dass der Versicherungsnehmer die Beiträge nur teilweise selbst bezahlt hat. Die Todesfallleistung wäre dann nur teilweise erbschaftssteuerfrei. Zum andern muss Felix schriftlich zustimmen.

Manche Versicherungen bieten auch verbundene Risikolebensversicherungen an, auch Partner-Risikolebensversicherung genannt. Hierbei schließen die Partner einen gemeinsamen Versicherungsvertrag, in dem beide als versicherte Personen und Bezugsberechtigte aufgeführt sind. Wenn einer der Partner stirbt, wird die vereinbarte Summe an den eingetragenen Partner ausgezahlt. Unterschiedliche Versicherungssummen oder Laufzeiten sind hierbei aber nicht möglich, und auch die erbschaftsteuerliche Regelung ist ungünstiger als bei der Überkreuzversicherung. Diese Variante kann aber Geld sparen, weil die Partner für die gegenseitige Absicherung nicht zwei Verträge abzuschließen brauchen.

Vorsorge für den Notfall

Zum gemeinsamen Alt werden gehört auch, über das Ende nachzudenken. Mit den richtigen Weichenstellungen zu Lebzeiten sorgen Paare füreinander vor.

Kaum jemand beschäftigt sich gerne mit seinem Tod oder den Folgen eines schweren Unglücks. Von „Mir wird schon nichts passieren" bis „Wir haben dafür noch Zeit" reicht die Bandbreite der Gründe, warum man wichtige Entscheidungen für den Ernstfall immer weiter aufschiebt. Doch das ist eine gefährliche Strategie. Denn der Ernstfall kann schon morgen eintreten. Fehlen die passenden Vorkehrungen, wird ein schlimmes Ereignis oft noch schlimmer.

Dafür ist wichtig zu verstehen, was passiert, wenn Sie beide keine Vorsorge treffen. Machen Sie sich keine Illusion: Keine Entscheidung ist auch eine Entscheidung. Solange Sie nichts unternehmen, entscheiden Sie sich für die „Standardlösung". Es kann sein, dass die dann greifenden rechtlichen Regelungen Ihren Vorstellungen entsprechen. Dann brauchen Sie in der Tat nicht zu handeln.

Wenn Sie aber andere Wünsche haben, sollten Sie etwas unternehmen. Denn es geht schließlich nicht nur darum, dass Sie sich mit Ihrem Tod oder einer schweren Krankheit beschäftigen, sondern auch darum, wie es Ihrem Partner und den Kindern weiterhin gut geht. Was passiert also, wenn Sie nicht aktiv werden?

Erbschaft

Ohne Testament greift die gesetzliche Erbfolge. Das kann vor allem für Paare ohne Trauschein sehr problematisch sein oder auch für Patchworkfamilien. Denn der Partner geht dann im Erbfall leer aus. Und auch die Kinder, die der überlebende Partner mit in die Partnerschaft gebracht hat, sehen nichts vom Erbe – egal, wie sehr Sie Ihnen ans Herz gewachsen sind. Aber der Reihe nach.

Maßgeblich bei der gesetzlichen Erbfolge ist der Verwandtschaftsgrad. Das heißt, zuerst erben die nächsten Verwandten. Hatte der Erblasser Kinder, stehen sie an erster Stelle. Sie gehören zu den sogenannten Erben der 1. Ordnung. Ist ein Kind verstorben, nehmen dessen Kinder, also die Enkel des Erblassers, diesen Platz ein. Auch sie sind Erben der 1. Ordnung. War der Erblasser dagegen kinderlos, ist die nächste Verwandtschaftsgruppe dran, die Erben der 2. Ordnung. Dabei handelt es sich um die Eltern oder Geschwister oder Neffen und Nichten – je nachdem, wer noch lebt. So wird mit jeder Ordnung der verwandtschaftliche Abstand größer. Die Erben der 3. Ordnung sind die Großeltern des Erblassers, seine Tanten und Onkel und seine Cousinen und Cousins. Noch weiter entfernte Verwandte finden sich dann in der 4. und 5. Ordnung.

Dabei ist wichtig zu verstehen: Sobald Erben in einer Ordnung gefunden sind, gehen alle anderen leer aus. Das heißt: Sind Erben der 1. Ordnung vorhanden, wird unter ihnen das Erbe verteilt. Die Erben der 2. Ordnung bekommen nichts. Hatte der Erblasser keine Kinder, sind die Erben der 2. Ordnung die Begünstigten. An sie fällt das ganze Vermögen. Die Erben der 3. Ordnung werden nicht bedacht usw.

Vielleicht wundern Sie sich jetzt, warum in den verschiedenen Ordnungen nicht der Ehepartner auftaucht. Schließlich sollte man meinen, dass der Ehepartner dem Verstorbenen sehr nahestand. Aber das ist kein Fehler. Der Grund ist, dass Ehemann bzw. Ehefrau keine Verwandten der Verstorbenen sind. Deshalb bleiben sie in dieser Systematik außen vor. Beim Ehepartner greift eine Sonderregelung. Das Ehegattenerbrecht regelt, wie hoch der Anteil am Erbe ist. Der Rest wird dann an die weiteren Erben verteilt:

Erbt der Ehepartner neben den Erben der 1. Ordnung, steht ihm ein Viertel des Erbes zu. Der Anteil steigt auf die Hälfte, wenn während der Ehe der gesetzliche Güterstand der Zugewinngemeinschaft galt. Der Rest wird zu gleichen Teilen unter den Kindern und gegebenenfalls den Enkeln verteilt.

War das Ehepaar kinderlos und der Ehepartner erbt somit neben den Erben der 2. Ordnung, steht ihm die Hälfte des Erbes zu, im Falle des Zugewinnausgleichs sogar drei Viertel. Das verbleibende Vermögen wird zum Beispiel unter den Eltern oder Geschwistern des Verstorbenen verteilt.

Sogar die gesamte Erbschaft kann dem Ehepartner zufallen, wenn weder Erben der 1. und 2. Ordnung noch Großeltern vorhanden sind.

Zwei Beispiele verdeutlichen das Prinzip der gesetzlichen Erbfolge. Sie zeigen, wie verästelt oder wie einfach es Anwendung findet:

Beispiel 1. Annika und Marko sind verheiratet. Von ihren drei Kindern leben noch zwei, Susanne und Stefan. Ihr Sohn Andreas stirbt bei einem Autounfall und hat zwei Kinder. Als Marko stirbt, gibt es kein Testament. Es greift die gesetzliche Erbfolge. Annika erbt damit ein Viertel und ein weiteres Viertel, weil sie und Marko im Güterstand der Zugewinngemeinschaft lebten. Die andere Hälfte des Erbes wird an Susanne, Stefan und die beiden Kinder von Andreas verteilt. Sie treten an die Stelle ihres verstorbenen Vaters. Das heißt: Susanne und Stefan erhalten jeweils ein Drittel. Das Drittel, das Andreas zugestanden hätte, geht zu gleichen Teilen auf seine Kinder über. Sie erhalten also jeweils ein Sechstel des Erbes.

Beispiel 2. Renate und Roland sind verheiratet und haben keine Kinder. Als Renate stirbt, fällt Roland insgesamt drei Viertel des Erbes zu, weil es keinen Ehevertrag gibt und auch ein Testament fehlt. Das restliche Viertel geht an die Erben der 2. Ordnung. In Renates Fall sind das ihre Eltern.

Soweit die Grundlagen. Das Tückische an der gesetzlichen Erbfolge ist, dass der Gesetzgeber unterstellt, dass die Familie intakt ist. Er geht davon aus, dass die Verheirateten eine glückliche Ehe führten und ein gutes Verhältnis zu all ihren Kindern hatten. Moderne Formen wie das Zusammenleben ohne Trauschein oder auch Patchworkfamilien, in denen geschiedene Partner mit Kindern aus früheren Beziehungen zusammenleben, fallen hinten runter. Das heißt, die Partnerin wird nur bedacht, wenn sie auch die Ehefrau ist. Kinder erben nur, wenn es die eigenen sind. Das ist auch dann der Fall, wenn es seit Jahren keinen Kontakt mehr zu ihnen gibt.

Um das an einem Beispiel aufzuzeigen: Nach seiner Scheidung lebt Paul glücklich mit seiner neuen Lebensgefährtin zusammen. Auch Caro kommt aus einer gescheiterten Ehe. Sie hat zwei Kinder, die Paul wie seine eigenen liebt. Zu seinem Sohn hingegen hat er kaum noch Kontakt. Dieser gibt Paul die Schuld an der Scheidung. Nach den schlechten Erfahrungen wollen weder Paul noch Caro erneut heiraten. Allerdings machen sie auch kein Testament. Als Paul stirbt, greift deswegen die gesetzliche Erbfolge. Caro ist erschüttert, als sie erfährt, dass weder sie noch ihre Kinder etwas erben. Pauls Vermögen fällt vielmehr an seinen entfremdeten Sohn.

Das heißt für Sie: Spielen Sie gemeinsam durch, wer erben würde, wenn einer von Ihnen morgen bei einem Autounfall stirbt und es kein Testament gibt. Sind die Menschen dabei, die Sie wirklich bedenken möchten? Oder an wen würde das Erbe fallen? Wenn Sie mit dem Ergebnis nicht zufrieden sind, ist ein Testament ratsam.

Bei der Erstellung eines Testaments sollten Sie sich an ein paar formale Regeln halten: So muss ein eigenhändiges Testament von Ihnen handschriftlich und leserlich verfasst werden. Die Bestimmungen sollten klar verständlich und eindeutig sein. Ein getipptes Testament ist ungültig. Und auch die Unterschrift mit Vor- und Zunamen, Ort und Datum dürfen nicht fehlen.

Ein erster Schritt, um das Erbe zu regeln, kann ein Ehegattentestament sein. Hierbei geht es vor allem darum, sich gegenseitig abzusichern und das Vermögen zusammenzuhalten. Dabei setzen sich die Eheleute gegenseitig als Alleinerben ein für den Fall, dass einer von beiden stirbt. Hierfür reichen nur wenige Sätze. Beide Eheleute müssen das Testament unterschreiben. Eine sinnvolle Ergänzung ist eine Regelung für den Fall einer Scheidung. So kann festgelegt werden, dass bei einer Trennung das Testament ungültig wird. Eine Sonderform des Ehegattentestaments ist das Berliner Testament. Es bietet sich an, wenn es Kinder gibt. Ähnlich wie beim Ehegattentestament erklären sich die beiden Eheleute zu Alleinerben, sorgen aber auch für den Fall vor, dass beide sterben. In diesem Fall werden die Kinder zu Erben erklärt. Auch diese Form des Testaments ist im Prinzip nicht aufwendig. Eine Vorlage für diese zwei Testamente finden Sie auf den Seiten 133 und 134. Allerdings sollten Sie sich über die Auswirkungen einer solchen Lösung auf die Erbschaftssteuer informieren und auch darüber, wie Pflichtteilsansprüche geregelt werden.

SORGFÄLTIGE AUFBEWAHRUNG. Wichtig ist, dass Ihr Testament gefunden wird. Sie können das Testament zum Beispiel bei Gericht hinterlegen. Eine andere Option ist ein klar beschrifteter Notfallordner. Hier können Sie auch wichtige Zugänge für Onlinekonten, Vollmachten und andere wichtige Dokumente aufbewahren.

Ehegattentestament und Berliner Testament sind pauschale Lösungen, die vielleicht nicht Ihren Willen widerspiegeln. In diesem Fall sollten Sie ein individuelles Testament anfertigen und sich vor allem bei komplizierten Familienverhältnissen oder großen Vermögen die Hilfe eines Anwalts oder Notars holen. Machen Sie das aber nicht allein, sondern besprechen Sie das gemeinsam. Überlegen Sie, wer wie abgesichert werden soll und wen Sie vielleicht auch außerhalb des Familienkreises bedenken wollen.

Wenn Sie nicht verheiratet sind, ist der Erbvertrag die Entsprechung zum Ehegattentestament. In einem Erbvertrag können Sie dieselben Bestimmungen treffen wie in einem gemeinschaftlichen Testament. Sie können sich also zum Beispiel gegenseitig als Alleinerben einsetzen. Der Unterschied zum Ehegattentestament ist allerdings, dass Sie einen Erbvertrag nicht selbst aufsetzen können. Sie müssen dafür zum Notar gehen. Auch wenn das mit Gebühren verbunden ist, kann es sich lohnen. Sie können zwar auch zwei Einzeltestamente machen, in denen Sie sich zum Beispiel gegenseitig als Erben einsetzen. Diese Variante hat allerdings den Nachteil, dass die Testamente jederzeit heimlich geändert werden können. Beim Erbvertrag ist das nicht so einfach möglich. Hier können Sie vereinbaren, dass Änderungen oder ein Rücktritt beim Notar hinterlegt werden müssen. So erfahren Sie, wenn Ihr Partner seine Meinung ändert. Wenn Sie also Rechtssicherheit haben wollen, ist ein Erbvertrag ratsam.

Ein Testament ist aber nicht nur sinnvoll, um die Verteilung des Erbes zu beeinflussen und zu gestalten. Eine weitere Tücke der gesetzlichen Erbfolge ist, dass bei mehreren Erben eine Erbengemeinschaft entsteht. Jeder Erbe ist entsprechend seiner Quote an der Gemeinschaft beteiligt. Das bedeutet: Die Erben können im Prinzip nur gemeinsam über den Nachlass verfügen. Entscheidungen über die Renovierung des geerbten Hauses oder den Verkauf von Vermögensgegenständen können nur gemeinsam getroffen werden. Es braucht nicht viel Fantasie, um sich vorzustellen, dass so etwas schnell zu Streit unter den Erben führen kann. Wenn Sie nicht riskieren wollen, dass sich Ihre Kinder untereinander und auch noch zusammen mit Ihrem Ehepartner um das Erbe streiten und sich vielleicht sogar überwerfen, sollten Sie Ihren Nachlass regeln. Das bietet zwar keine Garantie, dass alles harmonisch bleibt, erhöht aber die Chancen beträchtlich.

Sie merken: Beim Nachdenken übers Erbe geht es weniger darum, sich mit dem eigenen Tod zu beschäftigen. Das kann in der Tat beklemmend und unangenehm sein. Es geht vielmehr darum, sich mit dem Leben der Menschen zu beschäftigen, die man liebt. Ihnen soll es schließlich möglichst lange noch gut gehen. Und dafür können Sie eine wichtige Voraussetzung schaffen, wenn Sie als Paar gemeinsam das Erbe regeln. Denken Sie aber auch darüber nach, ob es Alternativen zum Vererben gibt. Womöglich hilft eine größere Geldsumme Ihren Kindern oder anderen geliebten Menschen zu einem früheren Zeitpunkt deutlich mehr. Ein Vorgriff aufs Erbe kann Ihren Kindern zum Beispiel beim Hauskauf helfen. Sie können dann entweder die Kreditsumme verringern und haben dadurch am Monatsende mehr übrig. Oder sie können sich ein Haus leisten, das besser zu ihren Bedürfnissen und denen ihrer Kinder passt. Mit einem Vorgriff können Sie Ihren Kindern aber auch einmalige Erlebnisse ermöglichen. Stellen Sie sich vor, Sie hätten mit Ende 20 von Ihren Eltern 10000 Euro erhalten. Was hätten Sie da für eine großartige Reise machen können, um ein Beispiel zu nennen. Die Summe hätte für Sie wahrscheinlich einen ganz anderen Nutzen gehabt, als wenn Sie das Geld mit 50 Jahren erhalten. Gezieltes Verschenken kann der bessere Weg sein, anstatt am Tag des Todes eine zufällige Summe zu einem zufälligen Zeitpunkt weiterzugeben.

Schwere Krankheit

Sei es das Alter, ein Schlaganfall, ein Koma nach einem Unfall oder eine schwere Krankheit – genauso wenig wie an den eigenen Tod denkt man gerne daran, was passiert, wenn man Entscheidungen für das eigene Leben nicht mehr selbst treffen kann. Vielleicht glauben Sie, dass in so einer Situation bestimmt Ihr Ehemann oder Ihre Lebensgefährtin für Sie wichtige Entscheidungen treffen darf. Man sollte davon ausgehen, dass diese Person Sie gut kennt und dass ihr auch Ihr Wohlergehen am Herzen liegt. Doch das ist ein Irrtum. Es ist nicht automatisch so, dass sich Eheleute in allen Angelegenheiten vertreten können. Der Gesetzgeber behandelt beide grundsätzlich als zwei eigenständige Personen. Das Gleiche gilt für Unverheiratete – egal, wie lange sie schon zusammenleben. Es gibt zwar als Ausnahme für Verheiratete das Notvertretungsrecht im Krankheitsfall. Aber das beschränkt sich auf Gesundheitsfragen und endet nach sechs Monaten.

Wenn Sie also nicht riskieren wollen, dass ein gerichtlich bestellter Betreuer eingeschaltet wird, ist eine Vollmacht unabdingbar. Sonst kann es sein, dass eine fremde Person wie ein Anwalt oder ein ehrenamtlicher Betreuer wichtige Entscheidungen für Sie treffen. Diese können zum Beispiel umfassen: Bank- und Vermögensangelegenheiten, Einwilligungen in medizinische Behandlungen, den Umzug in ein Heim oder die Betreuung in der eigenen Wohnung.

Überlegen Sie jeder für sich, ob Sie dies wollen – überlegen Sie aber auch gemeinsam, ob Sie diese Situation dem anderen zumuten wollen. Denn die Entscheidung, auf eine Vorsorgevollmacht zu verzichten, wirkt in beide Richtungen. Sie beide tragen die Konsequenzen und einer von Ihnen muss mitansehen und damit leben, nicht veranlassen zu können, was sie oder er als das Beste für den kranken Partner ansieht.

Mit einer Vorsorgevollmacht können Sie Einfluss nehmen. Hier können Sie eine vertrauenswürdige Person bestimmen, die die wichtigen Entscheidungen für Sie trifft. Ihr Ehepartner ist naheliegend, aber die Wahl ist auch nicht ganz unproblematisch. Denn was ist, wenn er oder sie mit der Situation überfordert ist? Niemand kann wissen, wann der Fall eintritt. Trotz guten Willens kann der oder die Betroffene zum Beispiel wegen einer eigenen Erkrankung oder aufgrund des Alters der Aufgabe nicht gerecht werden. Für diesen Fall kann es sinnvoll sein, zum Beispiel zusätzlich die erwachsenen Kinder zu bevollmächtigen, oder eine andere Person, die Ihnen nahesteht. Sprechen Sie darüber, wer infrage kommen könnte – und sprechen Sie auch mit Ihren Wunschkandidaten, ob sie bereit sind, diese verantwortungsvolle Aufgabe zu übernehmen.

BANKVOLLMACHT. Manchmal erkennen Banken und Sparkassen eine einfache Vollmacht ohne ausdrückliche Bankenvollmacht nicht an. Das heißt, dass sich Ihr Bevollmächtigter nicht um Ihre Geld- und Vermögensangelegenheiten kümmern kann – obwohl Sie dem in Ihrer Vorsorgevollmacht zugestimmt haben. Trotz Vollmacht wäre es dann zum Beispiel nicht möglich, Rechnungen zu begleichen oder Wertpapiere zu verkaufen, wenn Sie Geld brauchen. Deshalb ist es sinnvoll, noch eine spezielle Bankenvollmacht anzufertigen. Dafür bieten die Institute oft eigene Vorlagen an. Eine andere Möglichkeit ist, dass ein Notar die Vorsorgevollmacht beurkundet. Dann gibt es in der Regel keine Akzeptanzprobleme bei der Bank.

Für das Erstellen einer Vorsorgevollmacht können Sie auf Vorlagen zurückgreifen. Die gibt es zum Beispiel auf der Internetseite des Bundesjustizministeriums. Auch im Vorsorge-Set von Stiftung Warentest finden Sie ein passendes Formular mit Tipps fürs Ausfüllen. Wichtig: Sie müssen das Formular eigenhändig unterschreiben. Sinnvoll ist, dass der Bevollmächtigte ebenfalls unterschreibt. Am besten gehen Sie bei dieser Gelegenheit auch direkt das Thema Patientenverfügung an. Denken Sie daran: Sie treffen diese Vorkehrungen nicht nur für sich, sondern auch, um dem Partner in Ausnahmesituationen zu helfen. Auch für die

Patientenverfügung finden Sie im Vorsorge-Set von Stiftung Warentest ein passendes Formular.

Stellen Sie sicher, dass die Vorsorgevollmacht im Ernstfall greifbar ist. Denn sie nutzt nichts, wenn keiner davon weiß. Eine gute Möglichkeit ist, das Dokument beim Zentralen Vorsorgeregister zu melden, das von der Bundesnotarkammer eingerichtet wurde. Hier ist dann hinterlegt, welche Personen bevollmächtigt sind. Diese Daten kann das Gericht abfragen, bevor es jemanden bestellt.

Damit die Vorsorgevollmacht aber wirksam wird, muss sie im Original vorliegen. Das heißt, der Bevollmächtigte muss sie im Notfall zur Hand haben. Ihre Vollmacht in einem Safe zu hinterlegen, für den nur Sie die Kombination kennen, wäre keine gute Idee. Besprechen Sie also, wo Sie die Vollmacht aufbewahren wollen. Wollen Sie eine andere Person bevollmächtigen, kann es sinnvoll sein, dass er oder sie das Dokument bei sich an einem sicheren Platz aufbewahrt und Sie eine Kopie für sich behalten. So ist es schnell griffbereit.

Sie und Ihr Partner sterben

Betrachten wir noch einen weiteren Punkt und spielen durch, was passiert, wenn Sie beide keine Vorkehrungen treffen. Wer kümmert sich um Ihre minderjährigen Kinder, sollten Sie beide sterben? Auch das ist kein Gedanke, mit dem man sich gerne beschäftigt. Aber Verdrängen ist keine Lösung. Denn schließlich wollen Sie sichergehen, dass für Ihre Kinder gut gesorgt ist und wollen das nicht dem Zufall überlassen.

Es ist dafür zuerst einmal wichtig zu wissen, dass das Sorgerecht für minderjährige Vollwaisen nicht automatisch auf nahe Verwandte wie Großeltern, Tanten oder Onkel übergeht. Das gilt auch für die Taufpaten. Leben Sie in einer Patchworkfamilie, erhält Ihr Lebensgefährte ebenfalls nicht direkt das Sorgerecht, auch wenn er oder sie die Kinder wie die eigenen liebt.

Vielmehr entscheidet ein Familiengericht darüber, wer sich bei Verlust beider Eltern um die Kinder kümmert und die Vormundschaft übernimmt. Der Richter entscheidet nach eigenem Ermessen und danach, was aus einer Sicht das Beste für das Wohl der Kinder ist. Das kann zum Beispiel auch das Jugendamt sein.

Wenn Sie Einfluss auf die Entscheidung des Gerichts nehmen wollen, brauchen Sie eine Sorgerechtsverfügung. Hier können Sie festlegen, wer sich um die Kinder im Ernstfall kümmert. Das kann jemand aus der Familie sein, aber auch gute Freunde können an Ihre Stelle treten und die Kinder aufnehmen.

Auf diesem Wege machen Sie gegenüber dem Gericht Ihren Willen deutlich und sorgen für Klarheit. Der Richter ist zwar nicht verpflichtet, Ihrem Wunsch zu folgen, schließlich muss die genannte Person als Elternersatz geeignet sein. Aber eine solche Verfügung erhöht die Chancen, dass Ihre Kinder bei Ihrer Wunschperson aufwachsen. Überlegen Sie gemeinsam, wer infrage kommen könnte und wo Ihre Kinder in guten Händen sind. Sie können Personen auch ausschließen. Schließlich können die Meinungen und Vorstellungen in Erziehungsfragen auch innerhalb der Familie auseinandergehen.

Wenn Ihr Sohn oder Ihre Tochter schon älter sind, binden Sie sie mit ein. Kindern ab 14 Jahren schreibt das Gesetz ein Mitspracherecht zu. Natürlich ist es auch wichtig, mit der Person zu reden, die das Sorgerecht übernehmen soll und mit ihr zu besprechen, ob sie das möchte. Sie sollte von Ihrer Entscheidung nicht überrascht werden.

Damit Ihre Sorgerechtsverfügung auch greift, müssen bestimmte formale Kriterien erfüllt sein. Manche kennen Sie bereits vom Testament. So muss auch die Sorgerechtsverfügung komplett eigenständig und handschriftlich verfasst sein. Sie muss Ort und Datum enthalten und auch unterschrieben sein. Und natürlich muss das Dokument eindeutig als Sorgerechtsverfügung gekennzeichnet sein. Bei Ehepaaren reicht es aus, wenn einer das Dokument verfasst und der andere mit unterschreibt. Wenn jeder von Ihnen eine eigene Verfügung anfertigt, gilt die vom zuletzt verstorbenen Elternteil.

Wie auch im Falle des Testaments und der Vorsorgevollmacht gilt auch für die Sorgerechtsverfügung, dass sie im Ernstfall zur Hand sein muss. Sie können sie etwa dem gewählten Vormund als Original übergeben oder auch gegen eine Gebühr beim Nachlassgericht hinterlegen.

Gestalten, statt auf das Beste hoffen

Sie merken: Wenn Sie aktiv werden, können Sie passende Lösungen für Ihre individuelle Situation finden und Einfluss nehmen. Sie können gestalten. Sie beschäftigen sich also nicht mit dem Ende, sondern damit, wie es weitergeht und Ihre Hinterbliebenen trotz des Verlusts ein gutes Leben haben. Das kann auch helfen, die gemeinsame Zeit noch mehr zu genießen. Denn Sie wissen, dass Sie für den Ernstfall vorbereitet sind und alles geregelt ist.

Deshalb: Verdrängen Sie diese Themen nicht. Sprechen Sie gemeinsam darüber. Wie wollen Sie sich gegenseitig absichern? Wie werden auch die Kinder weiter versorgt sein? Finden Sie heraus, was Ihnen beiden wichtig ist. Reden Sie darüber bei Ihrem nächsten Money-Date.

Resümee

Fangen Sie rechtzeitig an, fürs Alter vorzusorgen, um nach dem Berufsleben mehr Geld als nur die gesetzliche Rente zur Verfügung zu haben.

Besprechen Sie mit Ihrem Partner oder Ihrer Partnerin, wie Sie Vermögen aufbauen wollen. Eine gute Möglichkeit für den Vermögensaufbau mit überschaubarem Risiko ist das Pantoffel-Portfolio. Hier kombinieren Sie einen Renditebaustein mit einem Sicherheitsbaustein. Der Renditebaustein besteht aus einem breitgestreuten Aktien-ETF, der Sicherheitsbaustein aus Tagesgeld. Im Alter haben Sie dann verschiedene Optionen, um das angesparte Geld zu entnehmen.

Zur Vorsorge gehört es auch, den Todesfall zu regeln. Haben Sie kein Testament, greift die gesetzliche Erbfolge. Dabei bemisst sich der Anteil am Erbe am Verwandtschaftsgrad. Emotionale Nähe spielt keine Rolle. Das heißt: Auch wenn Sie schon seit Jahren zusammenleben, erbt Ihre Partnerin nichts, wenn Sie nicht verheiratet sind. Auch Kinder, die Ihre Partnerin mit in die Beziehung gebracht hat und die Sie wie Ihre eigenen lieben, werden nicht in der gesetzlichen Erbfolge berücksichtigt. Überlegen Sie sich also, wen Sie bedenken wollen, und prüfen Sie, ob Sie ein Testament brauchen.

Mit Abschluss einer Risikolebensversicherung können Sie Ihre Hinterbliebenen für den Fall Ihres Todes absichern. Sie hilft, die finanziellen Folgen abzumildern.

Sorgen Sie nicht nur für den Todesfall vor. Bedenken Sie auch Situationen, in denen Sie aufgrund schwerer Krankheit oder wegen eines Unfalls nicht mehr ansprechbar sind. Oder wenn Sie nicht mehr in der Lage sind, Ihre Angelegenheiten selbst zu regeln. Es ist für die Menschen, die Sie lieben, eine große Hilfe, wenn Ihre Wünsche für diese Fälle in einer Patientenverfügung oder Vorsorgevollmacht dokumentiert sind. Dabei helfen Ihnen zum Beispiel die Formulare aus dem Vorsorge-Set von Stiftung Warentest. Hinterlegen Sie die Dokumente so, dass Sie im Ernstfall auch gefunden werden.

Service

Immobilien-Kaufpreise in Deutschland

Durchschnittliche Quadratmeterpreise für gut ausgestattete Eigentumswohnungen in guter Lage nach Landkreisen und kreisfreien Städten

Hamburg*
Kaufpreise:
−4,4 Prozent
Mieten:
+3,0 Prozent

Berlin*
Kaufpreise:
−2,1 Prozent
Mieten:
+5,1 Prozent

Köln*
Kaufpreise:
−3,2 Prozent
Mieten:
+5,2 Prozent

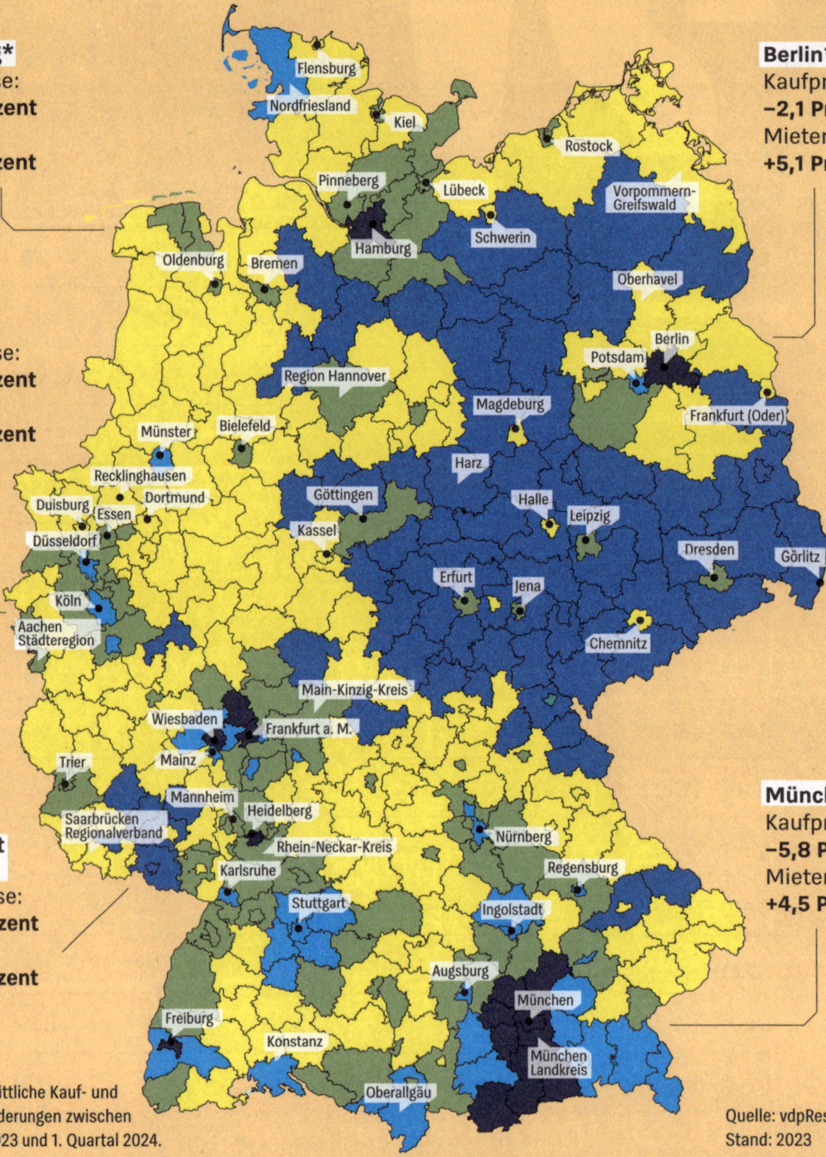

München*
Kaufpreise:
−5,8 Prozent
Mieten:
+4,5 Prozent

Frankfurt a. M.*
Kaufpreise:
−3,9 Prozent
Mieten:
+4,2 Prozent

*Durchschnittliche Kauf- und Mietpreisänderungen zwischen 1. Quartal 2023 und 1. Quartal 2024.

Quelle: vdpResearch
Stand: 2023

- bis 2 000 Euro/m²
- über 2 000 Euro/m² bis 3 000 Euro/m²
- über 3 000 Euro/m² bis 4 000 Euro/m²
- über 4 000 Euro/m² bis 5 000 Euro/m²
- über 5 000 Euro/m²

Düsseldorfer Tabelle

Die Tabelle wird jährlich vom Oberlandesgericht Düsseldorf in Zusammenarbeit mit dem Deutschen Familiengerichtstag angepasst. Sie bietet einen Anhaltspunkt für die Höhe von Unterhaltszahlungen.

Nettoeinkommen des/der Barunterhaltspflichtigen	Altersstufen in Jahren (§ 1612a Abs. 1 BGB)				Prozentsatz	Bedarfskontrollbetrag
	0–5	6–11	12–17	ab 18		
BIS 2100	480	551	645	689	100	1200/1450
2101–2500	504	579	678	724	105	1750
2501–2900	528	607	710	758	110	1850
2901–3300	552	634	742	793	115	1950
3301–3700	576	662	774	827	120	2050
3701–4100	615	706	826	882	128	2150
4101–4500	653	750	878	938	136	2250
4501–4900	692	794	929	993	144	2350
4901–5300	730	838	981	1048	152	2450
5301–5700	768	882	1032	1103	160	2550
5701–6400	807	926	1084	1158	168	2850
6401–7200	845	970	1136	1213	176	3250
7201–8200	884	1014	1187	1268	184	3750
8201–9700	922	1058	1239	1323	192	4350
9701–11200	960	1102	1290	1378	200	5050

Scheidungsfolgenvereinbarung ohne weitere Ansprüche

Bitte beachten Sie: Nachstehende Formulierungen dienen nur zur Orientierung. Sie müssen immer Ihre individuelle Situation betrachten und sich dahingehend anwaltlich beraten lassen. Zudem wird der Notar Sie umfassend zu den Folgen der einzelnen Regeln belehren.

Wenn Sie übereinstimmen, dass Sie gegenseitig keine Ansprüche im Rahmen des Scheidungsverfahrens geltend machen wollen und mit der Scheidung alle Ansprüche zwischen Ihnen erledigt sein sollen, kann eine Scheidungsfolgenvereinbarung wie folgt aussehen:

Es erschienen
1. Ehefrau Maria Mustermann, geb. am 01.01.1969, Adresse
2. Ehemann Max Mustermann, geb. am 01.10.1965, Adresse
und baten um Beurkundung der folgenden Scheidungsfolgenvereinbarung:

A. Vorbemerkung

1. Zu ihren persönlichen Verhältnissen machten die Beteiligten folgende Angaben:
   a. Wir haben am 03.07.2015 vor dem Standesbeamten in Berlin die Ehe geschlossen. Für beide Ehegatten ist dies die erste Ehe.
   b. Wir sind beide ausschließlich deutscher Staatsangehörigkeit mit gewöhnlichem Aufenthalt in Deutschland, von Geburt an.
   c. Ehevertragliche Vereinbarungen haben wir bisher nicht getroffen.
   d. Wir haben keine gemeinsamen Kinder.
   e. Seit Januar 2023 leben wir voneinander getrennt. Wir beabsichtigen, uns scheiden zu lassen. Ein Scheidungsantrag ist beim zuständigen Familiengericht – Amtsgericht Düsseldorf – rechtshängig unter dem dortigen Az. 23 F xx/2024.

2. Zu ihren Einkommensverhältnissen machten die Beteiligten folgende Angaben:
   a. Der Ehemann ist Diplom-Kaufmann. Er verfügt über ein monatliches Nettoeinkommen in Höhe von ca. 3000 Euro.
   b. Die Ehefrau ist Erzieherin. Sie verfügt über ein monatliches Nettoeinkommen von ca. 1850 Euro.
   c. Beide Ehegatten sind gesetzlich rentenversichert. Weitere Rentenanwartschaften bestehen nicht.

Die nachstehenden Regelungen sollen auch Bestand haben, wenn die Beteiligten ihre aktuelle Scheidungsabsicht wieder aufgeben sollten.

B. Ehevertragliche Regelungen

§ 1 Gütertrennung
Die Beteiligten schließen für ihre Ehe mit sofortiger Wirkung den gesetzlichen Güterstand der Zugewinngemeinschaft aus und vereinbaren stattdessen den Güterstand der Gütertrennung.

§ 2 Zugewinnausgleich
Soweit der während der Ehe bisher von einem Ehegatten erzielte Zugewinn den Zugewinn des anderen Ehegatten übersteigt, verzichten die Beteiligten auf den Ausgleich dieses Zugewinns und erlassen sich gegenseitig etwaige weitergehende Ausgleichsforderungen.

§ 3 Ehewohnung und Hausrat
Die Beteiligten leben getrennt. Eine gemeinsame Ehewohnung haben sie derzeit nicht.
Den Hausrat haben die Beteiligten bereits einverständlich aufgeteilt. An denjenigen Gegenständen, die sich im Haushalt und in der Wohnung des einen Ehegatten befinden, hat der andere Ehegatte keinerlei Besitz oder Eigentumsrecht, was die Beteiligten hiermit gegenseitig anerkennen.

§ 4 Unterhalt
Für die Zeit nach rechtskräftiger Scheidung der Ehe verzichten die Beteiligten gegenseitig auf Unterhalt gemäß §§ 1569 ff. BGB, egal aus welchem Rechtsgrund. Den Verzicht nehmen die Beteiligten wechselseitig an.

§ 5 Versorgungsausgleich
Wir schließen die Durchführung des gesetzlichen Versorgungsausgleichs für den Fall der Scheidung aus.

§ 6 Abgeltungsklausel
Die Beteiligten sind sich darüber einig, dass durch die vorgenannten Vereinbarungen und mit Durchführung dieser Urkunde keinerlei gegenseitigen Ansprüche, gleich welcher Art, mehr zwischen ihnen bestehen, unabhängig davon, ob sie bei Abschluss dieses Vertrags bekannt sind oder nicht.

§ 7 Kosten
Die mit diesem Vertrag verbundenen Kosten tragen die Beteiligten je zur Hälfte.

Auswahl Welt-ETF

Die Tabelle listet 14 ETF aus der Gruppe Aktien Welt: Marktbreit, die unsere Experten von Finanztest mit „1. Wahl" bewerten, sowie 5 ETF aus der Gruppe Aktien Welt: Nachhaltig marktnah.

ETF		
Anbieter	**Name**	**Nachgebildeter Index**
Aktien Welt: Marktbreit		
HSBC	HSBC MSCI World Ucits ETF USD	MSCI World
SPDR	SPDR MSCI World Ucits ETF	MSCI World
Xtrackers	Xtrackers MSCI World Ucits ETF 1D	MSCI World
Amundi	Amundi Prime Global Ucits ETF DR D	Solactive GBS Developed Markets Large & Mid Cap
UBS	UBS MSCI World Ucits ETF A-dist	MSCI World
iShares	iShares Core MSCI World Ucits ETF USD Acc	MSCI World
Amundi	Amundi MSCI World V Ucits ETF Acc	MSCI World
Vanguard	Vanguard FTSE Developed World Ucits ETF USD Dis	FTSE Developed
Deka	Deka MSCI World Ucits ETF	MSCI World
iShares	iShares MSCI ACWI Ucits ETF	MSCI All Country World (ACWI)
Vanguard	Vanguard FTSE All-World Ucits ETF USD Dis	FTSE All-World
SPDR	SPDR MSCI ACWI Ucits ETF Acc	MSCI All Country World (ACWI)
SPDR	SPDR MSCI ACWI IMI Ucits ETF	MSCI ACWI Investable Market (IMI)
Amundi	Amundi Prime All Country World Ucits ETF Dist	Solactive GBS Global Markets Large & Mid
Aktien Welt: Nachhaltig marktnah		
iShares	iShares MSCI World SRI Ucits ETF EUR Acc	MSCI World SRI Select Reduced Fossil Fuels
BNP Easy	BNP Easy MSCI World SRI S-Series PAB 5% Capped Ucits ETF C USD	MSCI World SRI S-Series PAB 5% Capped
UBS	UBS MSCI World Socially Responsible Ucits ETF USD A acc	MSCI World SRI Low Carbon Select 5% Issuer Capped
UBS	UBS MSCI ACWI Socially Responsible Ucits ETF USD A-acc	MSCI ACWI SRI Low Carbon Select 5% Issuer Capped
Amundi	Amundi MSCI World SRI Climate Net Zero Ambition PAB Ucits ETF Acc	MSCI World SRI Filtered PAB

ETF				Kosten (% p. a.)	Rendite über … Jahre (% p. a.)		
Anbieter	Isin	Währung	Art		10	5	1
Aktien Welt: Marktbreit							
HSBC	IE00B4X9L533	USD	Ausschüttend	0,15	11,8	11,7	21,5
SPDR	IE00BFY0GT14	USD	Thesaurierend	0,12		11,6	21,5
Xtrackers	IE00BK1PV551	USD	Ausschüttend	0,12		11,6	21,5
Amundi	LU1931974692	USD	Ausschüttend	0,05		11,5	21,5
UBS	IE00B7KQ7B66	USD	Ausschüttend	0,10	11,7	11,5	21,4
iShares	IE00B4L5Y983	USD	Thesaurierend	0,20	11,8	11,5	21,4
Amundi	LU1781541179	USD	Thesaurierend	0,12		11,4	21,3
Vanguard	IE00BKX55T58	USD	Ausschüttend	0,12		11,4	21,1
Deka	DE000ETFL508	EUR	Ausschüttend	0,30		11,2	22,1
iShares	IE00B6R52259	USD	Thesaurierend	0,20	10,9	10,4	20,4
Vanguard	IE00B3RBWM25	USD	Ausschüttend	0,22	11,0	10,4	20,1
SPDR	IE00B44Z5B48	USD	Thesaurierend	0,40	11,0	10,3	20,1
SPDR	IE00B3YLTY66	USD	Thesaurierend	0,17	11,0	10,1	19,6
Amundi	IE0009HF1MK9	USD	Ausschüttend	0,07			
Aktien Welt: Nachhaltig marktnah							
iShares	IE00BYX2JD69	EUR	Thesaurierend	0,20		11,9	17,5
BNP Easy	LU1291108642	USD	Thesaurierend	0,25		11,0	11,7
UBS	IE00BK72HJ67	USD	Thesaurierend	0,20			22,8
UBS	IE00BDR55471	USD	Thesaurierend	0,30			22,5
Amundi	IE000Y77LGG9	EUR	Thesaurierend	0,18			

ETF-Auswahl. Reihenfolge nach Anlageerfolg, Rendite und Kosten.
Quelle: FWW, LSEG, eigene Erhebungen und Berechnungen. Stand: 30.04.2024.

Versicherungs-Check: Als Familie gut geschützt

+++ Unbedingt notwendig. Auf diesen Schutz sollten Sie keinesfalls verzichten.
++ Sehr zu empfehlen. Diesen Schutz sollten Sie nach Möglichkeit haben.
+ Sinnvoll. Dieser Schutz ist sinnvoll, muss aber nicht unbedingt sein.
+- Dieser Schutz ist nur mit Einschränkungen sinnvoll.

Wofür?	Welche Versicherung?	Wie wichtig?	Für wen geeignet?
WENN SIE ANDERE SCHÄDIGEN	Privathaftpflicht	+++	Braucht jeder – unabhängig davon, ob er alleinstehend ist, einen Partner oder Kinder hat.
	Kfz-Haftpflicht	+++	Für Kraftfahrzeughalter Pflicht.
	Tierhalterhaftpflicht	+++	Für Hundehalter oder Pferdebesitzer. Für Hundehalter in manchen Bundesländern Pflicht.
	Gewässerschadenhaftpflicht	+++	Für Öltankbesitzer.
	Bauherren-Haftpflicht	++	Für Bauherren.
	Haus- und Grundbesitzerhaftpflicht	++	Für Vermieter von Immobilien und von unbebauten Grundstücken.
KRANKHEIT UND PFLEGE	Gesetzliche Kranken- und Pflegeversicherung	+++	Für jeden Pflicht, sofern er nicht privat krankenversichert ist oder einen anderen Anspruch auf Absicherung im Krankheitsfall hat.
	Private Krankenvollversicherung und Pflegepflichtversicherung	+++	Für Beamte. Für Selbstständige und gut verdienende Angestellte, wenn es ihnen die oft besseren Leistungen wert sind, dafür auf Dauer mehr zu zahlen und eventuell auf die beitragsfreie Versicherung der Kinder in einer gesetzlichen Kasse zu verzichten.
	Private Kranken- und Pflegezusatzversicherungen	+	Für gesetzlich Krankenversicherte, die sich mehr Leistungen sichern wollen als die der gesetzlichen Kranken- und Pflegeversicherung, etwa die Chefarztbehandlung im Krankenhaus, eine bessere Zahnversorgung, die Übernahme der Kosten beim Heilpraktiker oder höhere Leistungen im Pflegefall.

Wofür?	Welche Versicherung?	Wie wichtig?	Für wen geeignet?
BERUFSUNFÄHIGKEIT UND INVALIDITÄT	Berufsunfähigkeits-versicherung	++	Für alle Erwachsenen, die von ihrem Erwerbs-einkommen leben, vor allem, wenn sie eine Familie ernähren müssen.
	Erwerbsunfähigkeits-versicherung	++	Für alle, die aus Kostengründen oder wegen ihres Risikos keinen Berufsunfähigkeitsschutz erhalten.
	Unfallversicherung	+	Für Erwachsene, wenn sie weder eine Berufs- noch eine Erwerbsunfähigkeitsversicherung bekommen.
DIE FAMILIE GUT ABSICHERN	Risikolebensversicherung	++	Für alle, die für andere sorgen.
	Kinderinvaliditäts-versicherung	++	Für Kinder und Jugendliche bis zum Ende ihrer Ausbildung, danach Berufsunfähigkeitsschutz.
	Kinderunfallversicherung	+	Für Kinder und Jugendliche, sofern keine Kinderinvaliditätsversicherung vorhanden ist.
ZU HAUSE UND IM ALLTAG	Wohngebäudever-sicherung	++	Für jeden Eigentümer einer Immobilie.
	Hausratversicherung	+	Bei Hausrat mit höherem Wert.
	Rechtsschutzversiche-rung (Verkehrsrechts-schutz siehe unten)	+–	Je nach Leistungspaket für Selbstständige, Angestellte, Mieter, Privatleute geeignet. Gewerkschaften oder Vereine (Mietrecht) bieten für spezielle Probleme oft preis-werteren Rechtsschutz.
UNTERWEGS IMMER SICHER	Auslandsreisekranken-versicherung	++	Für alle Kassenpatienten sowie für Privatve-rsicherte, wenn die Kostenübernahme für medizinisch notwendige Rücktransporte aus dem Ausland fehlt.
	Reiserücktrittkosten-versicherung	+	Für Urlauber, die teure Pauschalreisen buchen, vor allem mit kleinen Kindern.
	Kfz-Vollkaskover-sicherung	+	Für Besitzer neuer Fahrzeuge.
	Kfz-Teilkaskover-sicherung	+	Für höherwertige ältere Autos.
	Verkehrsrechtsschutz	+	Für jeden Verkehrsteilnehmer.
	Reiserücktrittsversiche-rung	+	Für Urlauber, die teure Pauschalreisen buchen, vor allem mit kleinen Kindern.
	Autoschutzbrief	+–	Für Autofahrer. Preisgünstig beim Kfz-Haft-pflichtversicherer abzuschließen.

Stichwortverzeichnis

V

W

Z

Clemens Schömann-Finck ist Finanzredakteur, Buchautor und Moderator. Er beschäftigt sich seit vielen Jahren mit den Themen Geldanlage und Börse. Mit seinem erfolgreichen Youtube-Kanal „René will Rendite" verbreitet er Tipps, wie Privatanleger mehr aus ihrem Geld machen können. Einfach, verständlich und immer auf den Punkt teilt Schömann-Finck sein Finanzwissen von A wie Altersvorsorge bis Z wie Zinsen. Außerdem spricht er in seinem Youtube-Kanal regelmäßig mit Experten aus den Bereichen Finanzen, Geldanlage und Wirtschaft über aktuelle Trends, Entwicklungen und die passenden Anlagestrategien.

Die Stiftung Warentest wurde 1964 auf Beschluss des Deutschen Bundestages gegründet, um dem Verbraucher durch vergleichende Tests von Waren und Dienstleistungen eine unabhängige und objektive Unterstützung zu bieten. Mehr zu unserem Qualitätsanspruch und viele weitere Bücher finden Sie unter test.de.

100% Recyclingpapier · Mineralölfreie Druckfarben

Unser Umweltversprechen

Dieses Buch wurde unter Einhaltung hoher Umweltstandards nachhaltig und ressourcenschonend in Deutschland produziert.

ISBN: 978-3-7471-0827-7

Stiftung Warentest
Lützowplatz 11–13, 10785 Berlin
www.test.de, email@stiftung-warentest.de
USt-IdNr.: DE136725570

Vorständin: Julia Bönisch
Weitere Mitglieder der Geschäftsleitung: Dr. Holger Brackemann, Daniel Gläser, Dr. Birger Venn-Hein
Programmleitung: Niclas Dewitz
Autor: Clemens Schömann-Finck
Projektleitung: Alexandra Germann
Lektorat: Evelyn Sternad
Korrektorat: Jonas-Philipp Dallmann
Grafik, Satz: FÖRM – Büro für Gestaltung, Berlin
Verlagsherstellung: Rita Brosius (Ltg.), Romy Alig, Susanne Beeh
Druck: Fromm + Rasch GmbH & Co. KG, Osnabrück